나는 너와 결혼하였다
I Married You

월터 트로비쉬 지음 | 양은순 옮김

생명의말씀사

I MARRIED YOU
by Walter Trobisch

Copyright ⓒ 1971 by Walter Trobisch
All rights reserved.

1973, 1992, 2000, 2009/Korean by Word of Life Press, Seoul, Korea.
Translated and published by permission.
Printed in Korea.

나는 너와 결혼하였다

ⓒ 생명의말씀사 1973, 1992, 2000, 2009

1973년 10월 1일 1판 1쇄 발행
1990년 12월 20일   27쇄 발행
1992년 3월 30일 2판 1쇄 발행
1999년 12월 20일   16쇄 발행
2000년 7월 5일 3판 1쇄 발행
2008년 9월 25일   12쇄 발행
2009년 4월 1일 4판 1쇄 발행
2025년 12월 2일   13쇄 발행

펴낸이 | 김창영
펴낸곳 | 생명의말씀사

등록 | 1962. 1. 10. No.300-1962-1
주소 | 서울시 종로구 경희궁1길 6 (03176)
전화 | 02)738-6555(본사) · 02)3159-7979(영업)
팩스 | 02)739-3824(본사) · 080-022-8585(영업)

기획편집 | 김정옥, 윤나영
디자인 | 박소정, 박인선, 전민정
인쇄 | 영진문원
제본 | 보경문화사

ISBN 978-89-04-14116-6 (03230)

저작권자의 허락 없이 이 책의 일부 또는 전체를
무단 복제, 전재, 발췌하면 저작권법에 의해 처벌을 받습니다.

나는 너와
결혼하였다

I Married You

I Married You

서문

　이 책은 결혼한 사람들은 물론 결혼을 준비하는 사람들을 위해 쓰여졌다. 이 책에 기록된 내용 중에 꾸며낸 이야기는 없다. 모든 이야기는 실제로 일어난 일들이고, 모든 대화 역시 실제로 있었던 것들이다. 이 책에 등장하는 사람들은 지금도 살아 있다. 그래서 일부러 도시 이름은 언급하지 않았고, 거기에 대한 묘사도 하지 않았다. 이 이야기들의 배경은 아프리카다. 그러나 여기서 다룬 문제들은 모든 지역과 문화권에 걸쳐 해당될 것이다.

월터 트로비쉬
by Walter Trobisch

■ 서문 | 5

Chapter 1.
　만남의 시작 | 9

Chapter 2.
　결혼의 세 가지 요소 | 26

Chapter 3.
　결혼의 장막 | 50

Chapter 4.
　사랑·결혼·성의 상호 작용 | 69

Chapter 5.
　　완전한 결혼은 없다 | 93

Chapter 6.
　　성경적 답변 | 135

Chapter 7.
　　하나님의 장막 | 158

Chapter 8.
　　자신을 위한 장소 | 187

Chapter 9.
　　결혼의 가장 큰 비밀 | 223

이러므로 남자가 부모를 떠나
그 아내와 연합하여
둘이 한 몸을 이룰지로다

창 2:24

CHAPTER 1

만남의 시작

　육지가 점점 가까워졌다. 콘크리트 활주로가 보였다. 비행기 바퀴가 땅에 닿았다가 약간 뜨더니 다시 닿았다가 굴러갔다. 비행기 엔진이 부르릉거렸다. 비행기는 천천히 내려앉아 돌더니 비행장 건물 쪽으로 가서 멈추었다.

　드디어 도착한 것이다.

　나는 안전 벨트를 풀고 외투를 팔에 걸친 뒤, 짐을 들고는 뒷문 쪽으로 간신히 빠져 나갔다.

　아프리카인 스튜어디스가 미소를 지으며 인사했다.

　"안녕히 가세요, 선생님. 즐거운 여행이었기를 바랍니다."

　"감사합니다."

나는 대답을 하고 나서 트랩을 조심스럽게 내려갔다. 훅하고 뜨거운 김이 올라왔다. 눈부신 밝은 태양 아래, 나는 승객들 틈에 끼어 비행장 건물 쪽으로 걸어갔다.

비행기와 건물 사이에 어떤 젊은 여자가 누군가를 찾고 있는 것처럼 승객들을 주의 깊게 바라보며 서 있었다. 그녀는 스튜어디스 복장을 하고 있었다. 그녀가 갑자기 내 쪽으로 다가서면서 내 이름을 불렀다.

"누구신데 저를 아시는 거죠?"

내가 물었다.

"목사님 책에서 사진을 봤어요. 저는 '미리암'이라고 해요. 목사님께 편지를 썼었어요."

미리암? 나는 기억을 더듬었다.

"제가 답장을 했던가요?"

"네, 답장을 해주셨어요. 목사님은 파혼이 이혼보다 낫다고 말씀해 주셨어요."

그러자 그녀의 편지가 생각났다.

그녀는 조그마한 몸매의 아름다운 여성이었다. 지적으로 생긴 이마 아래 반짝이는 갈색 눈은 생기가 돌았다. 그녀의 길고 거의 남빛이 도는 듯한 까만 머리는 목뒤에서 단정하게 말아 올려져 있었다.

"당신은 편지에서 약혼자에 대한 감정이 결혼할 만큼 깊지 않아 걱정이 된다고 하셨죠."

나는 미소를 지으며 말했다.

"목사님은 제 감정에 귀를 기울여야 한다고 말씀하셨어요. 여자들은 보통 남자들보다 더 빨리 느낀다고요."

그제야 나는 그녀의 사정을 완전히 기억해냈다. 그녀는 약혼자보다 한 살 위였고, 4년이나 교육을 더 받았으며, 더 나은 봉급을 받고 있었다. 그런 것 때문에 그녀는 걱정하고 있었다.

"그런데 정말로 저는 그와 헤어질 수가 없어요. 그는 저를 사랑하고 어떤 면에서는 저도 그를 사랑하고 있어요. 때때로 저는 제 감정을 잘 모르겠어요."

"그런데 미리암, 여기서는 이야기를 할 수 없으니 여권 검사를 받고 나서 계속할까요?"

나는 그녀와 함께 공항 건물 쪽으로 향했다.

그녀가 다시 입을 열었다.

"목사님이 이곳에 나흘 동안만 계실 거라는 말을 들었을 때 다른 사람들이 오기 전에 꼭 목사님을 뵈어야겠다고 결심했어요."

"혹시 다니엘 목사님 교회에 나갑니까?"

"예. 목사님도 마중을 나오셨어요. 세관만 통과하면 만나실 수 있을 거예요."

내가 여권 검사를 받으려고 줄을 서고 있는 동안 그녀가 계속 이야기하고 싶어한다는 것을 알 수 있었다. 그녀는 정말 열심이었다. 그녀가 나에게 말을 거는 데는 상당한 용기가 필요했을 것이다. 그래서 나는 그녀를 실망시키고 싶지 않았다.

"미리암, 왜 당신은 그 젊은이에 대해 좀더 알기 전에 약혼부터 해버렸습니까?"

"우리 나라에서는 여자들이 약혼하지 않고는 남자와 외출하거나 이야기할 수가 없어요. 우리는 남자 친구를 사귈 수 없어요. 목사님의 책에서는 남녀가 서로 잘 알기 전에는 약혼하지 말아야 한다고 하셨죠. 하지만 우리는 약혼하지 않고는 서로를 잘 알 수가 없어요."

내가 여권을 보일 차례가 되었다.

"관광객이십니까?"

관리가 내게 물었다.

"한 교회에서 설교 하기로 돼 있습니다."

"무엇에 대해서요?"

"결혼에 대해서요."

그는 나를 힐끗 쳐다보더니 더 이상 아무 말도 하지 않고 내 여권에 도장을 찍어 주었다.

미리암과 나는 검사가 끝난 짐들을 내려놓는 곳으로 갔다.

"만일 헤어진다면 그는 죽어 버리겠대요."

"죽겠다고요? 그가 정말 그럴 거라고 생각하나요?"

"잘 모르겠어요. 하지만 그가 정말 그렇게 할까봐 두려워요."

"내가 그와 이야기할 수 있다면 도움이 될지도 모르겠는데…"
"그러면 좋겠어요. 그도 역시 오늘 밤 교회에 올테니까요."
"그럼 모임을 마친 후에 그를 소개해 줘요."
"정말 감사합니다."

그녀의 안심하는 어조로 봐서는 줄곧 그렇게 하고 싶어했다는 것을 알 수 있었다. 내가 자기 약혼자와 대화 하도록 자리를 마련하는 것을……

내 커다란 여행 가방이 도착했다. 미리암이 자기 나라 말로 세관원에게 무슨 말을 했다. 그는 우리에게 가라고 손짓했다. 문이 활짝 열리고 우리는 대기실로 들어갔다. 다니엘 목사가 아프리카식 인사법으로 내 두 팔을 쥐고는 나를 끌어안았다.

"잘 오셨습니다. 정말로 환영합니다."
"네, 드디어 왔습니다."

그렇게 말하면서 나는 서류 가방을 내려놓았다.

"와 주셔서 정말 기쁩니다. 아내 에스더입니다."

다니엘 목사는 자기 뒤에 서 있는 키가 크고 지적으로 보이는 30세 가량의 부인을 가리켰다. 에스더는 검은 무늬가 있는 진녹색 옷을 입고 머리에는 노란 스카프를 쓰고 있었다. 왼팔에는 아기를 안고 있었고 오른손으로는 세 살쯤 된 사내아이의 손을 잡고 있었다. 그녀는 아이의 손을 놓고 조금은 수줍은 듯이 서양식으로 손을 내밀었다.

"우리 나라에 오신 것을 환영합니다."

사내아이가 호기심에 차서 나를 바라보고 있었다. 그러나 내가 인사하려고 허리를 굽히자 아이는 엄마의 치맛자락 뒤로 숨어 버렸다.

"우리는 목사님이 비행기에서 내리는 것을 보았어요."

다니엘이 말했다.

"일층 식당에 있었거든요. 목사님은 도착한 지 정확히 1분 후부터 일을 시작하셨지요. 전부터 미리암을 아셨나요?"

"아뇨, 몰랐습니다. 그러나 편지는 교환했었죠."

이번에는 미리암이 약간 당황해 했다. 그녀는 일하러 돌아가야 했기에 저녁 때 교회에 나오겠다고 약속하고는 가버렸다.

우리는 다니엘의 폭스바겐에 올랐다.

"우리가 만난 지 얼마나 되었죠?"

"꼭 2년 되었네요."

단 한번, 교회 지도자 국제 수양회에서 다니엘을 만났다. 그는 그때 자기 교회에 와서 설교를 해달라고 했었다. 그런데 지금까지 그 부탁을 들어주지 못했던 것이다. 우리는 잠시 아무 말 없이 차를 타고 갔다. 얼마 후, 내가 느끼는 바를 말해 주고 싶었다.

"난 오늘 밤이 좀 걱정스럽습니다. 전혀 준비된 것 같지 않아요. 사람들에게 이야기하기 전에 먼저 그 사람들에 대해 좀더 알고 싶어요."

"목사님이 나흘 밖에 머무를 수 없다면 오늘 밤부터 시작해야 합니다."

나도 그 사실을 알고 있었다.

"이 도시를 방문한 것은 이번이 처음입니까?"

그가 물었다.

"네, 유감스럽게도 처음입니다. 전에 아프리카에 있는 다른 나라에는 간 일이 있지만 이 나라에는 와 본 적이 없어요. 이곳 관습에 대해서는 조금 알지만 특수한 문제에 대해서는 전혀 아는 바가 없어요."

"우리 젊은이들은 목사님의 강의를 굉장히 기대하고 있어요."

"나이 많은 사람들은 어떻습니까?"

"약간의 저항이 있어요. 그들은 결혼에 대한 이야기는 교회에서 할 게 못 된다고 생각하거든요. 특히 성에 대한 문제는 그들에게 금기시되는 것이에요. 이런 현상은 아프리카에서는 어디나 마찬가지라고 봅니다. 미국이나 유럽에서는 어떻습니까?"

"근본적으로 마찬가지예요. 그리스도인들은 성에 대해 이야기하기를 부끄러워하고, 그것에 대해 이야기하는 그리스도인들은 아주 드물어요."

"어쨌든, 적어도 첫 강의에서만은 성에 대해 너무 많이 이야기하지 않도록 조심해야 합니다. 그리고 될 수 있는 대로 간단하게 하세요. 추상 명사는 피하고 단순한 용어를 사용하세요. 그리고 내가 한 문장 한 문장 통역할 수 있도록 짧은 문장을 사용해야 할 거예요."

"최선을 다하겠습니다. 그런데 교회에 칠판이 있나요?"

"준비할 수 있습니다."

우리는 어느새 중심가에 와 있었다. 사람들 외에는 미국이나 유럽의 도시들과 별로 다른 점이 없었다. 보도, 네온 사인, 은행과 보험회사, 호텔, 음식점, 여행사, 슈퍼마켓 등의 큰 건물들. 그리고 끊임없이 오가는 많은 차량들.

"가족들은 안녕하신가요?"

에스더가 물었다.

"안부를 물어 주셔서 감사합니다. 모두 잘 있어요."

"자녀가 몇이나 되세요?"

"다섯입니다만, 모두 당신의 아이들보다 좀더 나이가 많지요."

"떠나올 때 아이들이 섭섭해 하지 않던가요?"

"아이들도 따라오고 싶어했지요. 네 아이는 아프리카에서 태어났어요. 그 애들은 여기를 고향같이 생각하고 있죠."

"사모님도 오실 건가요?"

"주말에 왔으면 합니다."

"참 잘됐군요!"

오늘 밤 아내가 함께 있다면 강의하기가 훨씬 쉬울 텐데. 우리가 함께 이야기할 수만 있다면…….

아내를 생각하면 할수록 더욱더 외로움이 커졌다.

"우리는 목사님이 우리 집에 머무르길 원했지만 호텔에 모시기로 결정했어요. 우리 집에는 항상 손님이 있기 때문에 조용하지가 않거든요. 또 목사님과 이야기하고 싶어하는 사람 중에 목사 사택으로 오지 않을 사람도 있을 테니까요."

"나도 목사님과 함께 있고 싶지만 무슨 말씀인지 알겠습니다."

"오늘 저녁에 함께 저녁 식사 하시겠어요?"

에스더가 물었다.

"초대해 주셔서 감사합니다. 그러나 시간이 없군요. 바로 옷을 갈아입어야겠어요."

"예. 저는 그냥 알고 싶었을 뿐이에요. 다니엘은 언제 집에 손님을 모시고 올지 전혀 저에게 알려주지 않거든요. 다니엘이 언제 식사를 하러 올지도 모른답니다."

차 안에는 잠시 동안 약간의 긴장된 침묵이 흘렀다.

우리는 한 호텔 앞에 멈추었다. 에스더는 아이들과 함께 차 안에 있었고, 다니엘은 나와 함께 호텔로 들어갔다. 내가 묵을 방은 침대와 책상, 전화가 있는 일인용 방으로 깨끗해 보였다. 창문 앞에는 소파와 안락 의자와 작은 테이블이 놓여 있었다. 이런 곳이라면, 조용히 이야기하기에 좋아 보였다.

"제가 목사님을 교회까지 모셔다 드릴 수가 없어 죄송합니다.

대신 우리 교인 가운데 한 사람을 보내겠습니다."

"목사님이 여기 남아서 오늘 밤 제가 이야기할 것에 대해 충고를 좀 해주었으면 좋겠어요."

다니엘은 잠시 생각하더니 눈을 감았다. 그리고 나서 내 얼굴을 똑바로 쳐다보며 이렇게 말했다.

"하나님께서 목사님에게 주실 것입니다. 하나님께서 주신 것을 우리에게 주십시오."

그 말을 남기고 그는 가 버렸다.

나는 그가 훌륭한 상담자라고 생각했다. 그리고 그가 지금 나를 도와준 것처럼 나도 그의 교인들을 돕고 싶었다.

나는 창가로 가서 밖을 내다보았다. 내 방은 4층이어서 부근에 있는 건물들의 지붕을 볼 수 있었다. 비행기에서는 그 지붕들을 훨씬 더 위에서 내려다보았지만, 이제는 아주 가까이 있었다. 나는 새삼 조금 전 비행기 안에서 내려다보았던 지붕들 가운데 한 지붕 아래 있다는 생각이 들었다. 그 위가 아니라 그 아래에.

나는 샤워를 하고 옷을 갈아입었다. 그리고 나서 서류 가방에서 첫 강의를 위한 노트를 꺼내 책상 위에 펴놓았다. 나는 그것을 읽기 시작했다. 그러나 아무런 느낌이 없었다.

갑자기 전화벨이 울렸다. 호텔 교환이었다.

"손님께 전화가 왔습니다."

어떤 여자의 목소리가 연이어 들리면서 내 이름을 불렀다.

"신문에서 목사님이 오늘 밤 결혼에 대해 말씀하실 것이라는 기사를 보았는데 사실입니까?"

"네."

"그러면 목사님께 한 가지 질문을 하고 싶어요. 남편과 헤어지는 것은 언제나 옳지 않은 건가요?"

좋은 질문이라고 생각하면서 나는 그녀에게 물었다.

"왜 남편과 헤어지고 싶습니까?"

"그는 저와 결혼하려 하지 않아요."

"그는 당신의 남편이 아닌가요?"

"우리는 그냥 동거하고 있어요. 그는 '함께 살면 그게 바로 결혼한 것이 아니냐.' 고만 한답니다. 그래서 아직 정식으로 결혼식을 올리지 않았어요. 그는 가끔 결혼식을 하겠다고 약속하지만, 언제나 그것을 연기해 버린답니다. 그래서 저는 결혼했지만, 아직 결혼하지 않은 거예요. 정말 혼란스러워요. 무엇이 결혼을 결혼답게 해주는 건가요?"

"두 분은 얼마 동안이나 함께 살았습니까?"

"1년 넘었어요."

"아이가 있습니까?"

"아뇨, 그가 원하지 않아요."

나는 곧 문제를 짐작할 수 있었다.

"그는 저한테 굉장히 잘해 줘요. 제 교육비를 다 대고 있어요.

아침에 저를 학교에 데려다 주고 밤에 데리러 와요."

"학교에 데려다 준다고요? 나이가 어떻게 되시죠?"

"스물두 살이에요. 부모님은 저를 교육시킬 수 없었어요. 그래서 이제서야 공부하고 있는 거예요."

"부모님은 어디 살고 계십니까?"

"여기서 몇백 마일 떨어진 작은 마을에 살고 있어요."

"부모님께 돌아갔다가 결혼 준비가 된 다음에 돌아올 수는 없습니까?"

"그건 불가능해요. 부모님은 제가 그 사람과 동거하기 시작했을 때 저를 내쫓았어요. 부모님은 그를 인정하지 않아요."

"왜 그렇죠?"

"그는 유럽 사람이에요."

그 사실은 많은 것을 설명해 주었다. 그는 돈이 있었고, 아이를 원치 않았으며, 소위 '자유로운 사랑'을 원했던 것이다.

"정말 어려운 상황이군요. 혹시 여기로 오실 수 있습니까?"

"아뇨, 그가 허락하지 않을 거예요. 그는 제가 혼자 밖에 나가는 것을 절대 허락하지 않아요."

"함께 오면 되지 않겠어요?"

그녀는 웃었다.

"그는 절대 가지 않을 거예요."

"그럼 오늘 밤 내 강의를 들으러 올 수 있습니까?"

"오늘 밤에는 학교 수업이 있어요. 게다가 그는 제가 교회에 나가는 것을 원치 않아요."

"당신은 주말을 어떻게 보내십니까?"

"집에 있어요. 그는 나갈 때 밖에서 문을 잠가 버려요."

"그는 어디에 갑니까?"

"몰라요. 절대로 말해 주지 않아요."

나는 할 말이 없었다. 곧이어 다시 그녀의 목소리가 들렸다.

"전 어떻게 하면 좋을까요? 목사님, 어떻게 해야 하나요?"

늘 듣는 질문이었다.

"모르겠습니다."

"저와 함께 기도해 주실 수는 있으세요?"

"기도해 달라고 하셨습니까? 혹시 그리스도인입니까?"

그 질문을 하자마자 후회했다. 그것이 무슨 상관이란 말인가?

"아뇨, 부모님은 모슬렘이에요. 그러나 저는 기독교 학교에서 교육을 받았어요. 그 마을에는 다른 학교가 없었거든요."

기도! 나는 한번도 보지 못한 사람과 함께 전화로 기도해 본 일이 없었다. 하지만 못할 이유도 없지 않은가? 하나님께서 나를 보시고 또한 알고 계신 것처럼, 그녀도 역시 보고 계시고 알고 계시지 않겠는가? 설혹 우리가 이 호텔에서 만날 수 없다 하더라도 하나님 안에서 만날 수는 있지 않은가?

그래서 나는 기도했다. 나는 해결책이 없다고 말했다. 그리고 하나님께 해결 방안을 보여 주십사고 기도드렸다. 내가 "아멘" 하자 그녀는 전화를 끊었다.

방안의 정적이 나를 사로잡았다. 나는 앞에 놓인 강의 노트를 바라보았지만 무기력함을 느꼈다. 그것은 실제 생활과 연관이 없는 것같이 보였다. 그러다 갑자기 그녀의 이름과 전화 번호를 물어보는 것을 잊어버렸다는 생각이 떠올랐다. 이게 무슨 실수람! 다시 연락할 방법이 없었다. 그녀가 다시 전화를 걸어 줄까?

전화벨이 다시 울렸다. 나는 그녀이기를 바라면서 부리나케 수화기를 들었다. 그러나 교환이었다.

"로비에서 한 신사 분이 기다리십니다."

"곧 내려가겠다고 전해 주십시오."

나는 노트를 서류 가방에 쑤셔 넣고 아래층으로 내려갔다.

양복을 잘 맞춰 입고 품위 있게 생긴 30대 가량의 한 남자가 '모리스'라고 자신을 소개했다. 그는 나를 교회로 데려가려고 왔다면서 자기 차로 안내했다.

"결혼하셨습니까?"

나는 대화를 시작하기 위해 질문을 던졌다.

"아뇨, 아직 안했습니다."

"나이가 어떻게 되시죠?"

"서른네 살입니다."

서른네 살인데 결혼을 하지 않았다니! 왜 그랬을까? 나는 궁금해졌다. 모리스가 계속 이야기를 했다.

"저는 어려서 아버지를 여의었습니다. 그래서 어머니를 돌봐 드려야 했습니다. 게다가 저는 학업을 마치고 당당한 직업을 갖기 원했습니다. 지금은 한 건설회사의 영업부장입니다. 또한 결혼할 여자를 찾기가 결코 쉬운 일이 아니더군요."

"무엇 때문에 그렇게 어렵습니까?"

"사귀기가 어렵습니다. 어디에서 만나야 할지 모르겠습니다."

"생각하고 있는 여자라도 있습니까?"

"네, 있습니다."

"그 여자는 뭐라고 합니까?"

"모릅니다. 아직 말해 본 적이 없습니다."

"왜 말을 못하시는데요?"

"그녀를 만날 수 있는 장소는 버스 안에서뿐입니다. 그녀가 학교에 갈 때 어떤 버스를 타는지 알고 있죠. 그 버스를 타서 두 정류장을 지나는 동안 그녀에게 말을 걸어 볼 작정입니다."

"그녀는 몇 살이죠?"

"잘 모릅니다만, 대략 16세 정도 될 겁니다."

나는 숨이 막힐 지경이었다. 이것이 가능한 일일까? 큰 책임을 맡고 있고 좋은 직업을 가진 잘생기고 기품 있는 신사가 아직도 버스 안에서 어린 여학생을 쫓아다니고 있다니!

"왜 그렇게 어린 여자를 선택했습니까?"

"나이가 든 여자는 몸을 망쳤거나 이미 결혼했습니다. 목사님은 그것이 잘못이라고 생각하십니까?"

"글쎄요. 당신이 60살이 되었을 때 그녀는 42세라는 것을 생각하셔야만 합니다."

"아마 그것에 대해 생각해야겠지요."

"지금 교회로 곧장 가고 있습니까? 꽤 먼 것 같습니다."

"빙 둘러서 왔습니다. 목사님께 우리 나라의 가장 큰 문제 중의 하나를 보여드리려고요. 여기가 우리 나라의 사창가입니다."

이엉으로 지붕을 엮은 수백 개의 작은 진흙 집들이 포장되지 않은 길 양쪽에 늘어서 있었다. 수천 명은 살고 있는 듯했다.

"무엇 때문에 여자들이 이곳에 오게 됩니까?"

"대부분 아이를 낳지 못해 남편에게 쫓겨난 여자들이지요."

"무엇 때문에 그 여자들이 임신하지 못하게 되었죠?"

"의사는 주로 창녀에게서 전염된 남편의 성병 때문이라고 말합니다. 악순환이죠. 또 과부들이 아이들을 보호하기 위해 이 길을 택하기도 한답니다. 재혼을 하면 아이들을 죽은 남편의 가족에게 빼앗기거든요."

우리는 그 지역을 벗어나기까지 잠시 동안 말없이 가다가 얼마 후에 교회 앞에서 멈췄다.

우리가 들어갔을 때, 사람들은 이미 찬송을 부르고 있었다. 맨 뒷좌석까지 꽉 찼고, 남자들은 왼쪽에 여자들은 오른쪽에 앉아 있었다. 모리스가 가운데 통로로 나를 인도하자, 몇 사람만이 호기심에 차서 돌아다보았을 뿐 대부분 모르는 체했다. 다니엘은 제일 앞좌석에 앉아 있다가 자기 옆에 앉으라고 손짓을 했다.

그는 나에게 찬송가를 주면서 그들이 지금 부르고 있는 구절을 가리켰다. 나는 읽을 수는 있었지만 가사를 이해할 수는 없었다. 그러나 곡조가 익숙했기 때문에 함께 불렀다. 설교하기 전에 회중과 더불어 뭔가를 함께한다는 것은 참 좋은 일 같았다.

마지막 절을 부르는 동안 다니엘은 찬송가를 접고 나에게 먼저 나가라고 말했다. 나는 강단으로 올라갔다. 그가 뒤를 따라 통역을 하기 위해 내 옆에 올라섰다.

회중이 마지막 절을 부르는 동안, 나는 사람들의 인상을 살펴볼 수 있었다. 좀 나이가 많은 사람들이 앞자리에 앉아 있었고, 젊은이들은 대부분 뒤쪽에 앉아 있었다. 그들은 서로 바싹 붙어 앉아 있었는데, 빽빽한 그들의 머리를 보니 검은 벨벳 융단이 떠올랐다. 하지만 아무도 우리를 바라보지 않았다.

나는 다니엘에게 내가 읽으려고 하는 성경 구절을 작은 소리로 말해 주었다. 그는 성경을 폈다. 나는 내 영어 성경을 폈다.

그리고 나서 나는 시작했다.

CHAPTER 2
결혼의 세 가지 요소

"성경에는 결혼에 대한 아주 의미 심장한 말씀이 있습니다. 간단하고 분명하면서도 아주 심오한 말씀입니다.

그 말씀은 마치 맑은 물로 가득 찬 깊은 우물과 같습니다. 여러분은 평생 동안 그 속에서 물을 길을 수 있고, 그 물은 절대로 마르지 않을 것입니다. 여러분은 항상 깨끗하고 맑은 물을 퍼 올릴 수 있을 것입니다.

열린 마음으로 이 말씀에 귀를 기울인다면, 하나님께서 친히 우리에게 계시하시는 것을 발견할 것입니다. 하나님께서는 우리를 돕기 원하시는 분으로서, 우리를 인도하고 격려하기 원하시는 분으로서, 무엇보다도 우리에게 무언가를 주기 원하시는 분으로서 우리에게 말씀하십니다.

이 말씀은 결혼에 관한 말씀 중에 성경에서 네 번이나 반복되는 유일한 말씀입니다. 성경은 결혼에 대해 그렇게 자주 말하고 있지 않습니다. 그렇기 때문에 이 말씀이 결정적인 부분에서 네 번이나 반복된다는 사실이 더욱 놀랍습니다. 먼저 이 말씀은 창세기 2장에 나타난 창조의 이야기를 요약하고 있습니다. 그리고 예수께서 마태복음 19:5과 마가복음 10:7-8에서 이혼에 대한 질문을 받으신 후에 이 말씀을 인용하셨습니다. 마지막으로 사도 바울이 에베소서 5:31에서 이 말씀을 예수 그리스도와 직접 연결시켰습니다.

이 말씀은 여러 가지 면에서 지금 우리가 살고 있는 시대와 유사한 때에 쓰여졌습니다. 그것은 사회 변천이 빠르고……."

여기까지 다니엘은 한 문장 한 문장 아무 거침없이 거의 자동적으로 통역했다. 그러나 내가 "빠른 사회 변천"이라는 용어를 쓰자, 처음으로 잠깐 주저하더니 길게 설명했다. 나는 다윗과 솔로몬의 시대를 묘사해 나갔다.

"새로운 무역의 길이 열리고 있었습니다. 외국 문물이 오가며 새로운 사상이 사람들에게 영향을 끼쳤습니다. 옛 전통은 더 이상 시행되지 않았습니다. 오래된 관습은 갑자기 시대에 뒤떨어진 것처럼 보였습니다. 종족 관념은 허물어졌습니다. 금지되었던 것들이 해제되었습니다. 완전한 도덕적 혼란의 시대였습니다. 모든 것이 마치 오늘날과 같이 뒤집혔습니다. 그러므로 나는 이 말씀이 앞으로 우리들에게 길잡이 역할을 할 수 있을 것이라고 믿습니다. 우선 창세기 2:24부터 읽어드리겠습니다."

여기까지는 아무런 반응도 없었다. 그러다 이제야 청중들은 대부분 무릎에 올려놓고 있던 성경책을 펴기 시작했다. 나는 잠시 기다렸다가 읽었다.

 이러므로 남자가 부모를 떠나
 그 아내와 연합하여
 둘이 한 몸을 이룰지로다

나는 이 말씀을 읽으면서 이 구절의 단순함과 명확함에 다시 한번 감동되었다. 나는 내 손에 청중들에게 전해 주어야 할 어떤 것이 놓여 있음을 느꼈다.

"이 구절은 세 부분, 즉 결혼에 있어서 가장 중요한 세 가지 요소를 언급하고 있습니다. 바로 떠나는 것과 연합하는 것과 한 몸을 이루는 것입니다. 이제 하나씩 살펴보기로 합시다."

떠나라

"떠나지 않는 결혼은 있을 수 없습니다. '떠난다'는 말은 결혼을 성립시키기 위해 반드시 이루어져야 할 공적이고 법적인 행동을 표시합니다.

예전에는 신부가 남편의 마을로 가기 위해 자기 마을을 떠났는데 그것이 공적인 절차였습니다. 아프리카에서는 때때로 신부의 마을에서 신랑의 마을에 이르기까지 혼인 잔치에 참여한 사람들이 모여 춤을 춥니다. 거기에는 비밀리에 행해지는 일이 없습니다. 이 떠나는 공적 행위는 동시에 결혼을 합법적인 것으로 만듭니다. 그날부터 모든 사람들이 두 사람은 남편과 아내이며 부부라는 것을 알게 됩니다.

오늘날에는 많은 나라에서 이 떠나는 행위가 결혼식장에서의 공적 발표와 아울러 혼인신고로 대치되고 있습니다. 무엇보다도 외적 형태가 중요하다는 것은 아닙니다. 중요한 것은 공적이고 법적인 행위가 있어야 한다는 사실입니다.

'이러므로 남자가 부모를 떠나.' 결혼은 결혼하는 두 사람만의 문제가 아닙니다. 아버지와 어머니는 가족을 대표하며 또한 사회와 국가의 한 부분입니다. 결혼은 결코 사적인 일이 아닙니다. 결혼식이 없는 결혼은 없습니다. 그래서 결혼식 때에는 흔히 큰 잔치를 베풀어 축하하는 것입니다.

'부모를 떠나.' 여러분은 이 말이 가슴 아플 것입니다. 부모를 떠나는 것은 확실히 즐거운 일은 아닙니다. 우리 나라에서는 결혼식이 있을 때 흔히 눈물을 흘립니다."

특히 나이 많은 부인들 가운데 고개를 끄덕이는 사람들이 있었다. 한 사람은 조금 큰소리로 "여기서도 마찬가지입니다."라고 말했다.

"여러분은 결혼에 대한 가르침이 좀더 즐겁고 아름다운 내용으로 시작되리라고 기대했을 것입니다. 그러나 성경은 아주 현실적이고 냉정합니다. 떠나는 것은 행복을 위해 치러야 할 대가입니다. 그것은 분명하고 확실해야 합니다. 탯줄이 끊어지지 않은 갓난아이가 자랄 수 없는 것처럼, 결혼도 실제로 떠나지 않는 한, 곧 가족으로부터 분명하게 분리되지 않는 한 자랄 수도 없고 발전할 수도 없습니다.

물론 자녀들이 부모를 떠나는 것은 어렵습니다. 그러나 부모들이 자녀를 떠나 보내는 것도 어렵습니다. 부모는 오리알을 품고 있는 암탉에 비유할 수 있습니다. 오리 새끼들은 알에서 나온 뒤 연못으로 들어가 멀리 헤엄쳐 갑니다. 그러나 암탉은 쫓아갈 수 없습니다. 그저 연못 가에서 꼬꼬댁거릴 수밖에 없습니다."

다니엘이 마지막 문장의 통역을 마치기도 전에 청중들 가운데서 웃음이 터졌다. 주로 젊은 사람들에게서였다.

"여러분은 떠나지 않고서는 결혼할 수 없습니다."

나는 반복했다.

"진정한 떠남이 없는 결혼은 문제에 빠질 것입니다. 부부가 가족으로부터 완전히 분리되어 자신들만의 가정을 시작할 기회를 갖지 못한다면 양가로부터 계속 간섭을 받을 위험이 큽니다.

아프리카에서는 신부의 몸값을 내는 관습이 가끔 결혼을 방해하는 수단으로 사용됩니다. 딸을 떠나 보내기 싫은 부모는 신부의 몸값을 아주 비싸게 올립니다. 그러면 젊은 부부는 오랫동안 빚을 지게 되고, 결국은 빚 때문에 실제로 떠날 수가 없게 되는 것입니다."

회중은 완전히 조용해졌다. 그 고요함 가운데 약간의 저항을 느낄 수 있었다. 나는 청중의 얼굴에서 그들이 그 사실을 받아들일 수 없다는 것을 읽을 수 있었다. 분명히 이 떠난다는 문제는 그들에게 있어서 삼키기 어려운 쓴 알약이었다. 그래서 나는 설명했다.

"여러분 중에 어떤 분은 이렇게 말할 것입니다. '그것은 우리 아프리카의 전통에 어긋나는 것입니다. 우리는 부모를 떠나라고 배운 적이 없으며, 오히려 사랑하라고 배웠습니다. 우리는 아버지와 어머니와 자식들로 구성된 소가족(혹 이러한 관계를 근친이라고 합니다.)에게뿐만 아니라 우리의 모든 친척들도 포함된 더 큰 가족에게도 책임감을 느낍니다.'

그것은 무엇으로도 파괴해서는 안 될 아주 귀중한 전통입니다. 그러나 '떠난다'는 것은 곤경에 빠진 사람을 그냥 내버려두라는 뜻이 아닙니다. 다시 말해 '떠난다'는 것은 부모를 버린다는 뜻이 아닙니다.

그 반대로 부부가 떠나 자신의 가정을 이루게 해주어야만 나중에 가족들을 도울 수 있을 것입니다. 그들이 독립하고 빚이 없어야만 후에 가족에 대한 책임을 질 수 있으며 또 가족을 섬길 수 있을 것입니다. 그들이 떠날 수 있다는 사실이 부모와 자녀 사이에 사랑이 싹트고 자랄 수 있는 풍성한 안식처를 갖게 해줄 것입니다. 경험을 통해 볼 때, 대가족은 개개의 핵가족이 건전하고 완전하게 독립되었을 때에만 기능을 제대로 발휘할 수 있습니다.

이것이 결혼에 대한 서구식 개념이라고요? 아닙니다. 저는 여러분에게 서구식 결혼의 개념을 제시하려고 온 것이 아닙니다. 저는 성경적인 결혼의 개념을 제시하기 위해 온 것입니다. 이 성경적인 개념은 모든 문화권 사람들에게 도전합니다.

모든 사람들이 '떠나는' 데 있어서 어려움을 겪습니다. 만일 서양의 결혼 문제 상담자에게 가장 많이 다루는 문제가 무엇이냐고 묻는다면, 아마 '고부간의 문제'라고 대답할 것입니다."

다시 웃음소리가 났다. 이 한마디는 미국이나 유럽의 청중들에게도 똑같은 반응을 가져왔다.

나는 계속했다.

"미국이나 유럽에서 흔히 방해가 되는 사람은 남편의 어머니입니다. 시어머니는 아들과 결혼한 젊은 여자가 소중한 아들을 잘 돌볼 수 있을지 의심합니다. 며느리가 아들의 셔츠를 잘 빨아줄 수 있을까, 수프를 끓일 때 어떻게 간을 맞추어야 아들이 좋아하는지 잘 알고 있을까 하는 등의 염려를 합니다.

비록 신부 지참금은 지불하지 않지만, 흔히 돈 때문에 젊은 부부가 독립하지 못하고 부모와 한 집 또는 한 아파트에 살 수밖에 없는 경우가 많습니다.

실제로 떠나는 것과 떠나게 하는 것(외적으로만이 아니라 내적으로도)은 누구에게나 어려운 문제입니다. 아프리카에서는 문제를 일으키는 사람이 보통 아내의 어머니일 경우가 많다고 들었습니다. 결혼 생활에서 말다툼이 생겼을 때 젊은 아내는 친정 어머니에게로 달려가곤 합니다.

그래서 아프리카에 있는 제 친구 한 사람은 이 성경 말씀에 의해 여자도 역시 부모를 떠나야 한다는 사실이 공적으로 규정지어져야 한다고 주장했습니다. 왜 아프리카 여자들이 그렇게 자주 친정으로 달려갑니까? 그것은 여자는 가족을 떠난 반면에 남편은 가족을 떠나지 않았기 때문입니다. 여러분의 나라에서는 남자는 자신의 가정에 남아 있거나 아주 가까이 살고 있고, 여자는 그곳으로 살러 와야 합니다.

이 본문 말씀을 쓴 사람도 비슷한 사회에서 살았습니다. 거기서도 여자가 떠나 남편 가문의 일원이 되어야 했습니다. 이 전대 미문의 혁명적 메시지는 남자도 역시 가족을 떠나야 한다는 것이었습니다. 이것은 오늘 여러분의 귀에 거슬리는 것과 마찬가지로 당시 남자들의 귀에도 틀림없이 거슬렸을 것입니다.

이 말씀은 여자들의 권리를 보호하고 있습니다. 그것은 남편과 아내의 연합을 목표로 합니다. 이 말씀을 다른 말로 표현한다면, 둘 다 떠나야 한다는 것입니다. 아내만이 아니라 남편도 역시 떠나야 합니다. 그리고 두 사람이 다 떠나야 하는 것과 마찬가지로 둘은 온전히 연합해야만 합니다. 이 성경 말씀에 나타난 바와 같이, 아내가 남편에게 연합될 뿐만 아니라 남편도 아내에게 연합되어야 합니다. 이것은 다음 주제로 연결됩니다."

연합하라

"떠나는 것과 연합하는 것은 사실 같은 의미입니다. 하나는 결혼의 공적이고 법률적인 면을, 다른 하나는 개인적인 면을 더 많이 나타낼 뿐 둘은 한데 얽혀 있습니다. 떠나지 않고는 실제로 연합할 수 없습니다. 또한 연합하기로 결심하지 않으면 실제로 떠날 수 없습니다.

히브리어에서 '연합한다'는 말은 한 사람에게 '붙다', '붙이다', '교착되다'라는 뜻입니다. 남편과 아내는 마치 두 장의 종이를 아교로 붙인 것처럼 결합되어 있습니다. 만일 아교로 붙어 있는 종이 두 장을 떼려고 한다면 두 장 다 찢어질 것입니다. 마찬가지로 연합한 남편과 아내를 분리시키려고 한다면 둘 다 다칠 것입니다. 자녀들이 있다면 그들도 역시 다칠 것입니다.

이혼은 마치 톱을 가지고 어린아이의 머리에서 발끝까지 정가운데를 가르는 것과 같습니다."

청중은 쥐죽은듯이 조용했다.

"남편과 아내는 아교로 꼭 붙여 놓은 것과 같은 존재이기 때문에 이 세상 어떤 것보다, 어느 누구보다도 가까운 사이입니다. 남편의 일이나 직업보다도, 아내의 집안 청소나 요리보다도, 아내가 일할 경우 그녀의 직업보다도 더 중요합니다. 또한 남편이나 아내의 친구보다도 더 중요하며, 방문객이나 손님보다도 더 중요하고, 심지어는 아이들보다도 더 중요합니다.

저는 여행에서 돌아갈 때마다 반드시 아내를 가장 먼저 포옹합니다. 아버지는 어머니와 가장 가까우며, 어머니는 아버지와 가장 가깝다는 것을 아이들에게 보여 주는 것입니다. 젊은이들이 결혼하고 나서 간통하는 일은 흔히 첫아이가 태어난 후에 일어납니다. 왜 그럴까요? 아내가 남편보다 아기와 더 가까워지는 실수를 범하기 때문입니다. 아기는 그녀의 생활에 중심이 되고, 그것이 남편에게 소외감을 느끼게 합니다."

적어도 남자들 쪽에서는 전적으로 동의한다는 듯이 미소를 짓고 고개를 끄덕였다.

"이런 깊은 의미의 '연합'은 물론 두 사람 사이에만 가능한 것입니다. 성경 말씀은 다윗과 솔로몬의 일부 다처에 대해서 의도적으로 공격했습니다. 성경은 '이러므로 남자가……그 아내와 연합하여'라고 말합니다.

이 말씀은 또한 한 남자가 동시에 여러 아내를 갖지는 않지만 하나씩 차례로 갖는 연속적인 일부 다처제를 허락하는 이혼에 대해서도 반대하고 있습니다.

오늘날이라면 우리는 '연합한다'라는 말 대신에 아마도 '사랑한다'는 말을 사용했을 것입니다. 그러나 성경이 여기서 '사랑한다'는 말을 사용하지 않은 것은 흥미로운 일입니다.

연합한다는 것은 사랑한다는 것을 의미합니다. 그러나 그것은 특별한 사랑, 하나의 결정을 내린 사랑입니다. 그래서 더 이상 사랑을 추구하거나 찾지 않습니다. 연합하는 사랑은 완숙한 사랑, 오직 한 사람에게만 충실하게 남아 있기로 결정하고 그 한 사람과 전 생애를 나누기로 결정한 사랑입니다. 이것은 우리를 본문의 세 번째 부분으로 인도합니다."

한 몸을 이루라

"이 표현은 결혼의 육체적인 면을 묘사하고 있습니다."

다니엘이 '성'이란 말을 사용하는 데 조심하라고 당부한 것이 생각났다.

"육체적인 면은 결혼에 있어서 법적이고 개인적인 면과 마찬가지로 필수적입니다. 남편과 아내 사이의 육체적 결합은 부모를 떠나는 것이나 서로 연합하는 것과 마찬가지로 결혼에 대한 하나님의 뜻입니다.

어떤 사람들은 결혼의 육체적인 면에 대해 자유롭게 이야기하지 못합니다. 그것이 하나님과는 아무 상관없는, 부정한, 심지어는 음란한 것이라고 느낍니다. 그러한 사람들에게 나는 사도 바울이 고린도 교회에게 한 것과 똑같은 질문을 하고 싶습니다. '여러분의 몸이 성령의 전인 줄 알지 못합니까?' 그렇기 때문에 우리는 그것에 대해 이야기할 수 있습니다. 교회에서도 이야기해야 합니다. 한 가지만 더 묻겠습니다. '우리가 교회 아닌 다른 어디에서 그것에 대해 그렇게 경건하고 공손하게 이야기할 수 있겠습니까?'"

침묵이 계속되었다. 나는 이러한 생각이 많은 사람에게 완전히 새로운 사실임을 깨달았다.

"여러분은 이렇게 말할지도 모르겠습니다. '몸에 대해 이야기하는 것은 아프리카의 전통에 위배되는 것입니다. 그러한 것들은 우리에게 금지된 것입니다.'

그러나 참 이상하죠? 제가 만일 아프리카에 사는 부모들에게 이러한 몸의 기능에 대해 자녀에게 가르치라고 충고한다면, 그들은 '미국과 유럽에 사는 부모들은 그러한 것이 자연스럽기 때문에 그렇게 할 수 있겠지만 아프리카 사람들에게는 불가능한 일입니다.' 라고 할 것입니다. 그러나 제가 미국이나 유럽에 사는 사람들에게 그렇게 말하면 그들은 저에게 '트로비쉬, 당신은 아프리카에 너무 오래 살았습니다. 아프리카 사람들은 자연과 더 가깝습니다. 그들은 그렇게 할 수 있을지 몰라도 우리에게는 불가능합니다.' 라고 한답니다.

제 경험으로 볼 때, 몸의 기능에 관해 이야기하는 것을 난처해하는 것은 세계적인 현상입니다. 세계 어느 곳에서나 부모들은 자녀에게 결혼의 육체적인 면에 대해 가르치는 것을 어려워합니다. 그 이유는 그것이 입 밖에 낼 수도 없을 만큼 신성한 것이거나 혹은 언급하기조차 부끄러울 정도로 부정한 것으로 간주되기 때문입니다. 성경은 이 두 가지 입장을 다 논박하고 있습니다. 성경은 그것이 하나님께 속해 있고, 그렇기 때문에 우리는 그것에 대해 이야기할 수 있고 또 이야기해야만 한다고 말합니다. 남편과 아내 사이의 육체적 결합은 그들의 충실함이나 결혼의 합법성만큼이나 소중하며 하나님께 가까운 것입니다.

물론 '한 몸을 이룬다' 는 것은 육체적 결합 이상의 의미가 있습니다. 그것은 두 사람이 그들의 몸이나 물질뿐만 아니라 그들이 가지고 있는 모든 것들, 사상, 감정, 즐거움과 고뇌, 소망과 두려움, 성공과 실패까지도 함께 나누는 것을 의미합니다. '한 몸을 이룬다' 는 것은 두 사람의 몸과 혼과 영이 완전히 하나가 되면서도 계속 다른 두 사람으로 남아 있는 것을 의미합니다.

그것은 결혼의 가장 깊은 신비이며 이해하기 힘든 부분입니다.

아마도 우리는 전혀 이해할 수 없을지도 모릅니다. 우리는 다만 그것을 체험할 수 있습니다. 저는 그것이 독특하게 표현된 것을 본 적이 있습니다."

나는 가방에서 두 개의 머리가 있는 조각을 꺼냈다. 하나는 남자 머리, 하나는 여자 머리였다. 그 둘은 나무로 만든 고리로 연결되어 있었다. 나는 그 조각을 높이 들었다.

"이것은 라이베리아에 있는 교회에서 결혼 서약을 기억나게 하려고 신혼 부부에게 주는 결혼의 상징입니다. 자세히 살펴보면 이 사슬에는 이은 자리가 하나도 없습니다. 이 조각품은 하나의 나무토막으로 만든 것으로, 이런 메시지를 담고 있습니다.

'하나님이 연결시키시는 곳에는 이음새가 없다.'

저는 이것만큼 결혼의 가장 깊은 신비가 확실하게 표현된 것을 본 일이 없습니다. 한 개의 나무토막으로 만들어진 이 둘은 완전히 하나, '한 몸'이 되었으며, 그러면서도 여전히 별개의 두 사람으로 남아 있습니다. 그것은 두 개의 반쪽이 하나를 만드는 것이 아니라, 온전한 두 사람이 완전히 새로운 하나를 만드는 것입니다. 이것이 바로 '한 몸을 이루는' 것입니다."

나는 강단에서 내려가 앞줄에 있는 사람에게 그 결혼의 상징물을 보여 주었다. 사람들은 감탄하면서 다음 사람에게 넘겨 주었다. 나는 강단 맞은편에 걸린 큰 칠판으로 걸어갔다.

"이제 성경 말씀은 가장 중요한 메시지를 전합니다. 우리는 세 부분, 곧 떠나는 것과 연합하는 것과 한 몸을 이루는 것을 살펴보았습니다. 그 메시지는 이들 세 부분이 서로 분리될 수 없다는 것입니다. 만일 이들 중 하나가 빠진다면 결혼은 완전할 수 없습니다. 결과 여하에 상관없이 '떠난' 사람만이, 그리고 오로지 서로에게 '연합한' 사람만이 '한 몸'이 될 수 있습니다. 떠나고 연합하고 한 몸을 이루는 이 세 요소는 마치 삼각형의 세 각과 같이 함께 연결되어 있습니다."

나는 칠판으로 돌아서서 큰 삼각형을 그렸다.

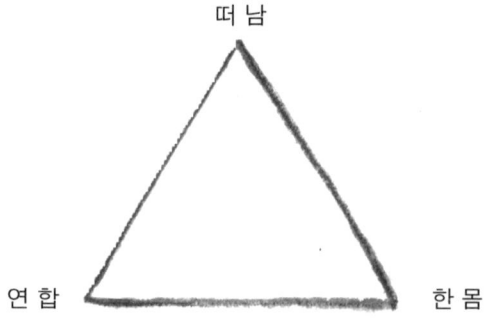

"우리는 맨 위에 '공적이고 법적인 행동' 혹은 '결혼' 내지는 '혼인'이라고 쓸 수 있습니다. 왼쪽에는 '사랑' 또는 '충실함'이라고 쓸 수 있고, 오른쪽에는 '육적 결합' 혹은 단순히 '성'이라고 쓸 수도 있습니다. 여기에서 성은 부부간의 성적 교제보다 훨씬 더 많은 것을 의미한다는 것을 이해하셔야 합니다."

여기서 나는 '성'이란 말을 처음 사용했지만, 청중은 이미 마음이 완전히 열려 있었기 때문에 그들의 기분이 상할까봐 쓸데없이 염려할 필요가 없었다.

"만일 여러분이 진정한 결혼을 하기 원하신다면 이 세 가지가 반드시 있어야 합니다. 아직 결혼하지 않은 젊은이들에게 이것은 이루어야 할 목표입니다. 만일 이 세 각 중에서 하나가 없다면 삼각형이 될 수 없는 것처럼, 이 세 요소 중에 하나가 없다면 결혼이 될 수 없습니다.

이제 저는 지금 성경 말씀에서 또 하나의 아주 중요한 사실을 말씀드리려고 합니다. 이 말씀은 어떻게 끝나고 있습니까? 창세기 2:24의 마지막에 있는 것은 무엇입니까?"

청중들은 성경을 다시 펴더니 재빨리 손을 들었다.

"'한 몸을 이룰지로다' 입니다."

한 나이 많은 사람이 대답했다.

"아닙니다. 그 다음에 무엇이 있습니까?"

긴 침묵이 흘렀다. 드디어 한 젊은이가 말했다.

"마침표입니다."

웃음이 터져나왔다. 그러나 나는 그 대답을 받아들였다.

"네, 맞습니다. 이 마침표는 아주 중요한 것입니다."

나는 강단으로 돌아와 성경 말씀을 다시 읽었다.

"이러므로 남자가 부모를 떠나 그 아내와 연합하여 둘이 한 몸을 이룰지로다."

나는 강대상을 주먹으로 꽝 치면서 말했다.

"마침표!"

잠깐 멈추었다가 나는 계속했다.

"성경에서 네 번이나 인용된 이 결혼에 대한 중요한 말씀에는 자녀에 대한 말은 하나도 없습니다."

이 말이 청중에게 끼친 영향은 굉장했다. 마치 내가 교회 안에 폭탄을 던진 것 같았다. 그들은 안절부절 못하면서 고개를 흔들며 서로 이야기하기 시작했고, 어떤 이들은 소리를 내어 그 말을 인정할 수 없다는 것을 표현했다.

"제가 설명하겠습니다."

나는 웅성거리는 청중을 향해 크게 외쳤다. 그러고는 힐끗 다니엘의 얼굴을 쳐다보았다. 그가 어떤 생각을 하고 있는지 확실히 알 수 없었지만, 그는 매우 기쁜 표정을 짓고 있었다. 확실히 그는 청중들이 활발하게 반응을 보이고 있는 것을 매우 즐거워하고 있었다.

마침표

"오해하지 마십시오. 자녀들은 하나님의 축복입니다. 성경은 그것을 여러 차례 강조하고 있습니다. 저는 아이가 다섯이고, 아이들 한 명 한 명에 대해 감사하고 있습니다. 우리 부부는 그 아이들을 결혼의 아주 실제적인 축복으로, 하나님의 선하심의 표시로 받아들였습니다.

자녀는 결혼에 있어서 축복이지만, 부가적인 축복입니다. 하나님께서 아담과 하와를 만드셨을 때, 그들에게 복을 주시고는 이렇게 말씀하셨습니다. '생육하고 번성하라' 창 1:28. 히브리어 성경을 볼 때 이 명령은 복을 주신 행동에 대한 부가적인 행동이었음이 분명합니다.

그러므로 성경에서 결혼의 필수 요소들을 열거할 때 자녀를 일부러 언급하지 않았다는 것은 의미 심장한 일입니다. 떠나고, 연합하여, 한 몸을 이루는 것으로 충분합니다. 그리고 마침표. 비록 자녀가 없다 하더라도 한 몸으로 연합하는 것은 의미 있는 일입니다.

마침표는 자녀가 결혼을 진정한 결혼으로 만드는 요소가 아님을 의미합니다. 자녀가 없는 결혼도 역시 완전한 결혼인 것입니다. 그러므로 임신하지 못하는 것이 이혼 사유가 될 수 없습니다. 아무도 이렇게 말할 수 없습니다. '이 여자는 나한테 아이를 낳아

주지 않았으니까 나는 사실상 이 여자와 결혼한 것이 아니다.' 또 그런 이유로 아내를 쫓아 보낼 수도 없습니다. 자녀가 없다는 이유로 결혼에 있어서 연합의 요소를 깨뜨리는 것은 정당화할 수 없으며, 그것으로 결혼의 합법성에 의문을 던질 수도 없습니다."

다니엘은 마지막 말을 특별히 강조해서 통역했고, 아주 열렬하고 강한 그의 어조로 보아 그 나라에 그와 같은 이유로 이혼하는 경우가 상당히 많다는 것을 알 수 있었다.

그래서 비록 시간이 다 되었지만, 나는 이 문제를 더 깊이 있게 다루고 싶었다.

밭이냐? 삼각형이냐?

"결혼에는 또 하나의 개념이 있습니다. 그것은 모든 점에서 지금 말씀드린 성경적 결혼의 개념과는 다릅니다. 결혼에 대한 이 개념은 세계 곳곳에 널리 퍼져 있습니다. 저는 그것을 밭의 개념이라고 부르겠습니다.

결혼에 대한 밭의 개념은 미국의 결혼 상담자인 데이비드와 베라 메이스가 쓴 『동양과 서양의 결혼 *Marriage East and West*』이라는 책에 기초를 두고 있습니다. 그들 부부는 1958년 태국의 치앙마이에서 20명의 아시아 사람들을 데리고 결혼 세미나를 인도했습니다.

중국에서 태어난 메이스 일가가 설명한 바와 같이 결혼에 대한 밭의 개념은 부정확한 생물학에 기초를 두고 있습니다. 곧, 남자는 씨 뿌리는 자로, 여자는 흙 즉 밭으로 설명합니다. 남자는 여자에게 그의 씨를 뿌립니다. 땅이 곡식 낟알을 배양하듯이 여자의 몸은 그 씨를 배양합니다. 낟알에서부터 식물이 자라는 것처럼 남자의 씨에서부터 어린아이가 자라납니다. 그 아이는 남자의 자식이며 그의 계속되는 영이며 또한 그의 계속적인 생명입니다. 반복해서 말씀드립니다. 이것은 부정확하고 그릇된 생물학입니다. 그러나 이런 식의 사고 방식으로 인한 결과는 굉장합니다. 그 영향을 간단하게 말씀드리겠습니다.

첫째, 남자는 여자보다 중요합니다. 땅이 씨보다 더 중요할 수 없는 것처럼 여자는 남자보다 중요할 수가 없습니다. 바로 그러한 본성 때문에 여자는 언제나 둘째고 보조적입니다. 이것은 오늘날까지 아시아뿐만 아니라 미국이나 유럽에서도 남녀 차별을 가져옵니다. 아프리카에 대해서는 여러분이 더 잘 알 줄 압니다.

둘째, 아들은 딸보다 더 중요합니다. 가계가 계승되는 것은 아들을 통해서입니다. 아들이 없는 가정은 마치 뿌리가 잘린 나무처럼 가문이 끊어진 것입니다. 그 조상들은 시들어 버리고 평안이 없습니다."

청중 가운데 이 문제에 깊이 동감하는 듯한 반응을 보이는 사람들이 있었다.

"셋째, 남편과 아내의 관계는 마치 씨를 뿌린 자가 씨를 뿌린 토지를 소유하고 있는 것처럼 소유자와 소유물의 관계가 됩니다. 여자의 가장 중요한 의무는 순종입니다. 선택하는 것도 남자의 특권입니다. 그는 자기가 사려고 하는 밭을 선택합니다. 밭은 할 말이 없습니다. 선택의 기준은 그 밭의 풍작의 가능성입니다.

넷째, 밭의 개념에 의하면, 자녀가 없는 결혼은 마치 불모지처럼 쓸모 없고 무의미한 것입니다. 만일 여자가 아이를 갖지 못하면 그녀는 숙명적으로 실패한 것입니다.

다섯째, 그러므로 밭의 개념은 이혼과 일부 다처의 결과를 가져옵니다. 만일 어떤 남자의 밭이 열매를 맺지 못하면, 그는 그 밭을 먼젓번 소유자에게 돌려 주고 그 여자의 아버지에게 지참금을 돌려 달라고 요구하거나 아니면 그 밭을 그냥 두고 열매를 맺을 수 있는 다른 밭 한두 개를 더 삽니다. 일부 다처란 오직 밭의 개념에서만 이해될 수 있습니다. 더 나아가서, 남자는 몇 개의 밭을 가질 수 있지만, 밭은 단 한 사람의 소유자밖에 가질 수 없습니다. 밭의 개념에서 여자는 항상 불리한 입장에 있습니다.

여섯째, 저는 이미 신부의 몸값을 치르는 관습에 대해 언급한 바 있습니다. 이 관습은 밭의 개념과 아주 긴밀한 관련이 있습니다. 실제로 그것은 밭의 값이 아니고, 밭에서 생산하게 될 열매의 값입니다. 그 이름이 잘못된 것입니다. 그것은 신부의 몸값이 아니라 그녀가 낳게 될 어린아이의 값입니다. 그것이 바로 때때로 그녀가 첫아이를 낳을 때, 그것도 그 아이가 아들일 때에만 그 값이 완전히 지불되는 이유입니다. 만일 과부가 죽은 남편의 가문 이외의 사람과 결혼하게 되면 죽은 남편 쪽에서 아이들의 값을 치렀기 때문에 그녀는 아이들을 잃어버리게 됩니다. 그 아이들은 실제로 과부가 된 어머니에게 소속된 것이 아닙니다. 어쨌든 밭의 개념에서는 과부가 가장 비참한 존재입니다. 그녀는 소유자를 잃어버린 소유물인 것입니다.

일곱째, 이 개념은 두 사람에게 다 간음죄가 있어도 여자가 남자보다 더 심한 비난을 받게 되는 이유를 설명해 줍니다. 남자가 간음을 했을 때 어떤 일이 일어납니까? 그는 자기의 소유가 아닌 밭에 씨를 뿌린 것입니다. 그는 다른 밭의 소유자에게 잘못을 범한 것이기 때문에, 잡히면 그에게 벌금을 내야 할 것입니다. 그러나 그는 아내에게 잘못을 했거나 결혼을 깨뜨린 것으로 간주되지 않습니다. 그러나 만일 아내가 간음을 한다면 그녀는 남편에게 가장 나쁜 짓을 한 것입니다. 그녀는 남편의 밭에 다른 사람의 씨를 허용한 것이 됩니다. 그녀는 가정의 순결을 더럽힌 것입니다. 자신의 결혼을 깨뜨린 것입니다.

마지막으로, 밭의 개념에서는 결혼하지 않은 사람이 설 자리가 없습니다. 결혼하지 않은 여자는 열매를 맺을 수 있는데도, 씨 뿌리는 자에게 주어지지 않은 밭입니다. 이것은 말이 안 됩니다. 그러나 무엇보다도 어리석은 것은 총각입니다. 그는 씨 뿌리는 자인데 자신의 씨를 뿌릴 밭을 사지 않은 사람입니다. 이것은 도저히 생각할 수도 없는 일입니다!"

마지막 말에 폭소가 터졌다. 나는 나를 교회로 데려다 준 모리스를 보았다. 그는 친구들이 어깨를 치는 동안 계속 미소를 짓고 있었다.

"결혼에 대한 성경적인 개념은 모든 면에서 밭의 개념과는 상반됩니다. 무엇보다도, 성경은 이처럼 부정확한 생산의 개념을 배제합니다. 어린아이가 자라는 것은 남자의 씨에서부터가 아니라, 성경이 말하고 현대 과학이 증명한 바와 같이, 남편과 아내가 공동으로 새 생명의 창조에 기여함으로써 되는 것입니다. 자식은 남자의 것만이 아닙니다. 남편과 아내 두 사람에게 속한 것입니다. 둘이 그 부모를 떠나 서로 연합하여 한 몸을 이룬 것같이, 자식들도 남편과 아내 두 사람에게 속한 것입니다.

밭의 개념은 여자를 냉대합니다. 성경적인 개념은 여자를 열등한 존재가 아니라 남편과 동등한 짝으로, 물건이 아니라 자신의 권리를 가진 인격체로 보고 있습니다.

밭의 개념은 여자를 마음대로 늘릴 수 있는 재산으로 생각하기 때문에 복합 결혼을 유발시킵니다. 성경적인 개념은 일부 일처를 목표로 합니다.

누구나 밭과 삼각형 중에 하나를 선택해야 합니다. 여러분은 아내를 밭으로 생각하십니까, 여러분의 부모를 떠나 연합하여

한 몸을 이룬 짝으로 생각하십니까?"

나는 잠깐 멈추었다. 완전히 침묵이 뒤덮고 있었다. 많은 사람들이 내가 그린 삼각형을 바라보고 있었는데, 그들의 눈에 어려 있는 한 가지 중요한 의문점을 읽을 수 있었다. 그래서 나는 계속했다.

"한 가지 문제가 남아 있습니다. 이 삼각형에서 자녀의 자리는 어디입니까? 누가 이 질문에 대답해 주시겠습니까?"

많은 사람이 손을 들었다. 나는 등에 어린애를 업고 있는 20대 후반의 여자를 지명했다. 그녀는 일어나 나오더니 칠판 앞으로 갔다. 그리고 나서 주저하지 않고 삼각형의 가운데를 가리켰다.

"네, 맞습니다."

그러자 청중 가운데 안도감이 퍼지는 것이 느껴졌다.

"자녀의 자리는 삼각형의 가운데입니다. 그것은 아버지와 어머니의 육체적 결합으로 시작됩니다. 그것은 부모의 사랑과 성실함에 둘러싸여 있으며, 합법적인 결혼 계약에 의해 보호되고 있습니다. 여기가 결혼이라는 삼각형에서 자녀의 자리입니다. 이곳만이 아이가 성장하여 나중에 자신의 결혼을 준비할 수 있는 환경입니다."

CHAPTER 3

결혼의 장막

청중이 마지막 찬송을 부르고 있는 동안 나는 쓰디쓴 패배감을 느꼈다. 그들은 마지막에 와서 아주 조용했다. 나는 정확한 반응을 듣고 싶어 다니엘에게 조그맣게 물었다.

"너무 길었죠?"

"그렇지 않아요. 사람들은 아주 열심히 귀를 기울였어요."

"그러나 마지막에는 아주 조용했잖아요."

"우리 나라 사람들은 감동되면 더 조용해진답니다."

그러나 그가 예의를 지키느라고 그럴 수도 있었기 때문에 직접적으로 그가 어떻게 느꼈는지 물어보았다.

"목사님 생각은 어떻습니까? 아주 안 좋았나요?"

그는 마치 내가 느끼는 감정을 자신도 잘 알고 있다는 듯한 미소를 지으며 말했다.

"글쎄요. 목사님은 확실히 어려운 시도를 하셨어요."

"사람들의 감정이 상한 것 같습니까?"

"그렇게 생각하지 않아요. 오히려 제가 그런 말을 했다면 받아들이지 않았을 텐데 목사님이 하셨기 때문에 받아들일 수 있었던 것 같아요. 그리고 설사 감정이 상했다 하더라도 무슨 상관이 있습니까? 그것은 목사님의 메시지가 아니었잖아요. 그렇지 않습니까? 이제 사람들과 인사를 나누시죠."

청중은 나란히 서서 차례대로 그들의 관습에 따라 두 손으로 악수를 했다. 미리암이 마지막으로 나와 악수를 했다.

"제 약혼자를 소개할게요. 이 사람이 디모데입니다."

군복을 입은 젊은 남자가 내게 인사하려고 앞으로 나왔다. 그는 미리암보다 약간 작았지만 건장했다.

"좋은 설교를 들려주셔서 감사합니다. 목사님과 이야기하고 싶습니다."

"저와 함께 호텔로 가실까요?"

나는 미리암과 디모데와 함께 모리스의 차로 걸어갔다.

"제 강의에 대해 어떻게 생각하십니까?"

나는 미리암에게 물었다.

"저는 메시지를 잘 받아들였습니다. 디모데와 저는 연합의 각에 어려움이 있다고 생각해요. 우리의 연합이 부모를 떠날 만큼 강한 것인지 모르겠어요."

"좋습니다. 디모데와 함께 그 문제에 대해 이야기할 수 있을 겁니다."

그녀는 무척 좋아하는 것 같았다. 호텔로 가는 동안 나는 미소를 지으며 모리스에게 물었다.

"씨 뿌릴 밭이 없는 사람에 대해서는 어떻게 생각하세요?"

"생각하기 힘들어요. 목사님이 과부에 대해 소유자 없는 소유물이라고 말씀하신 것은 정말 사실입니다. 정확해요. 그래서 저는 항상 혼자 되신 어머니께 의무감을 느꼈고 지금도 느끼고 있어요. 제가 떠나는 것은 실제로 불가능했고 그래서 아직 연합하지 못하고 있어요."

"당신에게는 밭을 사줄 아버지도 없었지요."

"네, 저는 제 학비를 벌면서 동시에 어머니를 부양하기 위해 일해야 했습니다. 저는 아직도 어머니를 계속 부양해야 한다고 생각해요. 만일 목사님이 결혼의 제일 첫 조건이 어머니를 떠나는 것이라고 말씀하신다면 저는 절대 결혼하지 못할 것 같습니다."

"저는 떠나는 것이 다른 사람을 곤경에 빠뜨리는 것을 뜻하지 않는다고 했습니다."

"네, 저도 그것을 이해했어요. 그러나 실제로 그것을 어떻게 적용할 수 있습니까? 만일 결혼한다고 해도 저는 어머니를 모셔야만 합니다. 어떻게 어머니를 떠나면서 동시에 계속 어머니와 함께 살 수 있단 말입니까?"

"방법을 설명해 드리지요. 만일 당신은 집에 머물러 있으면서 아내가 당신 어머니의 집으로 와야 한다면 그것은 대개 문제를 일으킵니다. 그러나 만약 당신이 먼저 떠나서 당신 자신의 가정을 시작한다면 그것은 실제로 '떠난' 것입니다. 그러고 나서 당신의 가정에 어머니가 거처하실 곳을 마련해 드린다면 마찰이 생길 위험이 훨씬 줄어들 겁니다."

우리는 호텔 앞에 멈추었다. 디모데와 내가 차에서 내리려 할 때 모리스가 말했다.

"글쎄요. 그러면 제게 필요한 것은 여자밖에 없겠군요."

"이미 있지 않나요?"

"버스에서 말을 걸겠다고 한 여학생을 말씀하시는 겁니까? 글쎄요. 지금은 과연 그녀가 목사님이 설명하신 것처럼 모든 것을 나누면서 한 몸을 이룰 수 있는 여자인지 의심스러워요."

"당신이 그녀보다 18세 연상이라면, 그녀는 당신의 딸 또래일 수도 있습니다. 당신은 그녀를 그렇게 취급하려는 유혹을 받을 겁니다. 아주 잘된다 해도 그녀는 배우자가 아니라 순종 잘하는 발이 될 겁니다."

모리스는 웃었다.

"저는 그것이 바로 아프리카 남자들이 어린 여자와 결혼하려는 이유라고 생각해요. 그들은 순종하는 밭을 더 좋아하거든요. 목사님, 문제는 말이에요, 제가 어떻게 여자에게 올바로 접근해서 말을 걸어야 하는지를 모른다는 점이에요."

"거기에 대해서는 내일 이야기합시다. 내일 다시 데리러 오시겠습니까? 어머니도 모시고 오세요."

"어머니를요? 어머니는 60이 넘으셨어요. 저는 어머니가 성이나 사랑에 대해 듣는 것을 좋아하리라고는 생각지 않는데요."

"어쨌든 모시고 오십시오."

그가 떠나자 나는 디모데와 함께 내 방으로 갔다.

"낮에 공항에서 미리암에게 이야기를 들었습니다."

"네, 알고 있습니다. 목사님도 그녀가 멋진 여자라고 생각하십니까?"

"물론이죠, 아주 멋진 여자예요. 또한 아름답기도 하지요."

"목사님은 제가 그녀와 결혼하는 것이 좋다고 생각하세요?"

"당신은 그녀와 결혼할 수 있다고 생각하십니까?"

"그것이 바로 문제예요. 과연 우리가 서로 맞을지에 대해서 그녀가 의심하고 있다는 것을 저도 알고 있어요."

"그녀가 왜 주저하고 있는지에 대해서 당신에게 말했습니까?"

"아뇨, 우리는 별로 이야기하지 않아요. 하지만 왜 그런지 짐작할 수 있어요. 나는 그녀보다 키도 작고 피부도 더 검거든요."

"피부가 검은 것이 나쁜 건가요?"

"네, 우리는 피부가 밝을수록 아름답다고 생각하거든요."

"글쎄요, 미리암은 그 점에 대해선 말하지 않았는데요."

"미리암이 뭐라고 했는데요?"

"당신이 직접 물어보세요."

"그러나 목사님, 우리는 그런 것에 대해 이야기할 수가 없어요. 미리암도 목사님께서 제게 말씀해 주시기를 바란다고 생각해요. 그것이 바로 그녀가 이 만남을 주선한 이유일 거예요."

"알고 있어요. 하지만 그녀가 직접 당신에게 이야기하는 것이 더 좋아요. 왜냐하면 그런 식으로 결혼에 반드시 필요한 한 가지를 배울 수 있기 때문이에요. 바로 서로 나누는 것이지요."

그는 잠자코 있었다.

"몇 살이죠?"

"스물두 살입니다."

"미리암이 몇 살인지 아십니까?"

"몰라요. 그녀가 말해 주지 않았어요."

"그녀는 수입이 얼마나 되지요?"

"한번도 물어본 일이 없어요. 저는 8학년을 마치고 학교를 그만두었어요. 그리고 곧 입대했어요."

"지금 어떤 계획을 가지고 계십니까?"

"계획이라니, 무슨 뜻이죠?"

"그러니까 지금 당신이 미래에 대해 기대하거나 소망하는 것이 무엇이냐는 겁니다."

"별로 특별한 것은 없어요. 이삼 년 후에는 하사가 될지도 몰라요. 그밖에는 달리 말할 게 없어요."

"하지만 디모데, 미리암은 고등 교육을 받았어요. 그녀는 당신보다 수입이 더 많아요. 그리고 당신보다 한 살이나 더 위예요."

"그래요?"

그는 심각하게 말했다.

"그러나 그런 것들이 결혼에 장애가 됩니까?"

"보통은 그렇지 않죠. 그보다 큰 문제들도 많으니까요."

"그러면 목사님은 우리 결혼이 성공할 수 있으리라고 생각하십니까?"

"성공할 수도 있지만, 쉽지는 않을 겁니다. 많은 노력이 필요할 거예요. 그것은 오로지 당신들이 그런 노력을 할 수 있을 만큼 서로 사랑하느냐에 달려 있습니다."

"그러나 저는 그녀를 사랑합니다, 목사님."

디모데는 힘을 주어 말했다.

"만일 그녀를 얻지 못한다면 무슨 일을 저지를지 모릅니다."

"자살말입니까?"

"그녀에게 그렇게 말한 적이 한번 있어요."

"그것이 바로 큰 실수였어요, 디모데. 바로 그것 때문에 나는 당신이 진정으로 그녀를 사랑하는지 의심이 갑니다."

"왜요?"

"왜냐하면 당신은 그녀를 위협함으로 강요하려고 했기 때문이에요. 그것은 사랑이 아니에요. 사랑은 절대 강요하지 않아요. 진정한 사랑은 상대방에게 완전한 자유, 심지어는 '싫어요.'라고 말할 수 있는 자유까지 주는 것입니다. 만일 미리암이 당신의 자살을 막기 위해 결혼한다면, 그것은 사랑 때문이 아니라 두려움 때문에 결혼하는 겁니다."

"그러면 그녀가 저를 사랑하게 하려면 어떻게 해야 합니까?"

"그녀에게 당신의 사랑을 보여 주세요. 위협으로가 아니라, 어떤 어려운 일을 계획하고 실천함으로써 말입니다."

"일이요?"

디모데는 깜짝 놀라는 것 같았다.

"무슨 일을 말하는 겁니까?"

"당신 자신의 일을 말하는 것입니다."

그는 이해하지 못하는 듯했다.

"이것 봐요, 디모데. 내가 미리암과 당신의 관계에 있어 걱정되는 것은 나이나 교육 수준의 차이보다도 당신에게 포부가 부족하다는 점이에요. 틀림없이 미리암은 앞으로 인생에서 훨씬 더 많은 것을 얻고 싶어할 것입니다. 그러나 당신은 단지 하사가 될지도 모른다고 했습니다. 그렇게 될지도 모르죠. 그렇게 되지 않을지도 모르고요. 당신은 포부가 없어요. 미리암과 결혼한다면,

그것이 아마도 문제를 일으킬 겁니다."

"하지만 저는 제 키나 나이나 학력을 바꿀 수 없어요."

"그렇지만 포부는 가질 수 있어요. 당신이 변화시킬 수 있는 것을 변화시키세요. 그것이 다른 어떤 것보다 미리암에게 당신의 사랑을 증명하는 방법입니다."

디모데는 깊은 생각에 잠긴 채 조용히 앉아 있었다. 착잡한 것 같았다. 마침내 그는 수심이 가득한 얼굴로 나갔다. 그는 우리의 대화에서 이런 결과를 얻으리라고는 생각지도 않았을 것이다.

그가 간 뒤에 얼마나 피곤한 하루였는지 새삼 느끼면서 잠깐 쉬려고 드러누웠다. 외출복을 입은 채로 막 잠이 들려는데 전화벨이 울렸다.

"오후에 전화했던 사람이에요."

"다시 전화해 주셔서 정말 반갑습니다. 당신의 이름과 주소를 알아둔다는 것을 깜빡 잊었어요."

"목사님에게 제 이름과 주소를 알리고 싶지 않아요. 남편에게 제가 이런 이야기를 하는 것을 알게 하고 싶지도 않아요."

"지금 어디서 전화하고 있습니까?"

"집에서요. 그이는 막 맥주를 마시러 나갔어요. 그이가 돌아오면 전화를 끊어야 해요."

"그래요······."

"오늘 밤 목사님의 강의를 들었어요. 학교 수업을 빠졌거든요.

그렇지만 끝나기 전에 돌아왔어요. 그래서 남편은 제가 교회에 갔었다는 것을 눈치 채지 못했어요."

"그렇군요. 제 강의는 어땠습니까?"

"재미있었어요. 다만 삼각형이 싫었어요."

"그래요? 그것이 뭐 잘못되었습니까?"

"그렇지는 않아요. 다만 마음에 들지 않았을 뿐이에요. 그것은 너무 많은 각과 모서리와 점을 갖고 있어요. 그것들은 나를 찔러요. 그것은 남자와 똑같아요. 결혼을 온통 곧은 직선과 모서리와 단지 그런 것들로만 생각하는 남자 말이에요. 그 조각들은 모두 꼭 맞아야만 하거든요. 저에게는 아주 불편하고 매력이 전혀 없어요."

"말씀 감사합니다."

"제가 결혼에 대해 생각하는 것은 무언가 둥글고 미끈하고 부드러운 것이에요. 자신을 감싸 줄 수 있는 마치 따뜻한 망토 같은 그런 것 말이에요."

"아마 세 개의 부채꼴을 가진 원을 그려야겠군요."

"저는 좀더 좋은 것을 생각했어요. 그래서 목사님이 칠판에 그린 삼각형을 보았을 때 장막인 줄 알았어요."

"장막이요?"

"네, 장막이요. 장막은 적어도 세 개의 막대기가 있어야만 세울 수 있어요. 일단 세워지면 그 안에 들어갈 수 있고 폭풍으로부터 보호받고 있다는 느낌이 들 거예요. 비가 오면 장막 안은 아주 아늑하죠. 저는 결혼에 대해 그런 식으로 생각하고 싶어요."

나는 그렇게 생각을 해본 적이 없었다.

"당신은 가정에서 그렇게 느끼고 있습니까?"

"아뇨, 그렇지 않아요. 저의 장막은 완전하지 않아요. 꼭대기 모서리가 없어요. 목사님이 말씀하신 결혼의 공적이고 합법적인 행위인 '떠남'이라는 모서리가 없단 말이에요."

"지붕이 없다면 장막 안으로 비가 새겠군요."

"네, 목사님. 비가 몹시 새고 있어요. 전혀 아늑하지 않아요. 누가 그것을 고쳐 줄 수 있을까요?"

그녀는 흐느낌을 감추지 못했다.

"당신이 허락만 해주신다면 제가 돕고 싶습니다."

"저는 부모님을 떠났지만 아직 공적으로나 법적으로는 결혼하지 않았어요."

"그런데 당신이 떠난 것은 성경에서 말하는 의미의 떠남과는 다릅니다. 거기에는 부모와 자녀 사이에 상호적이고 자발적인 떠남과 보냄, 결국은 둘의 관계를 더 가깝게 연결시키는 것이 없었습니다. 당신은 원망하는 마음으로 부모님을 떠났고, 부모는 당신을 곤경에 내버려두었습니다."

"그러나 제 남편은 왜 장막의 지붕을 덮지 않을까요?"

"어쩌면 그것은 당신이 부모님에게로 돌아갈 수 없다는 것을 알기 때문인지도 모르죠."

"글쎄요. 적어도 그는 나를 밭으로 취급하지는 않아요."

"어떻게 그것을 확신할 수 있습니까?"

"그는 아이를 원치 않거든요."

"어쩌면 그는 당신을 채소밭으로 여기지는 않지만 꽃밭으로 보고 있는지도 모르지요. 다만 그의 여가를 즐기기 위해서 말입니다."

"그러나 그는 저를 사지 않았어요. 지참금을 내지 않았다고요."

"그러나 그는 당신의 교육비를 부담하고 있습니다."

"목사님은 그것이 저를 구속하기 위한 또 다른 형태의 지참금이라고 생각하세요?"

"그와 이야기해 보기 전에는 말할 수 없습니다. 하지만 그럴 가능성은 있지요."

"그러나 저는 그를 사랑해요."

"나도 압니다. 그렇지 않다면 당신은 나에게 전화하지 않았을 테니까요."

"그리고 그도 역시 저를 사랑하고 있어요. 그래서 제 교육비를 부담하고 있는 거예요."

"나도 당신의 말이 사실이기를 바랍니다. 그러나 왜 그는 장막의 지붕을 덮지 않고 당신과의 결혼을 합법화시키지 않을까요?"

다시 흐느끼는 소리가 들렸다.

3. 결혼의 장막 | 61

"내가 그에게 전화를 걸 수 있도록 전화번호를 알려주면 안 되겠습니까?"

"절대 안 돼요. 그가 지금 오고 있어요."

그녀는 수화기를 꽝 하고 놓아 버렸다.

장막!

그녀는 독특한 여자임에 틀림없다. 장막. 결혼이 장막이라……. 나는 성경을 들어 맨 뒤에 있는 용어 색인을 폈다. "장막"이라는 말 밑에 백 개도 넘는 성경 구절이 나와 있었다. 나는 그 중 몇 구절을 살펴보고 나서 예레미야 10:20을 폈다.

내 장막이 훼파되고
나의 모든 줄이 끊어졌으며
내 자녀가 나를 떠나가고 있지 아니하니
내 장막을 세울 자와
내 장을 칠 자가 다시 없도다

이것이 그녀에게 맞는 구절이라고 나는 생각했다.

"내 장막을 세울 자가 다시 없도다."

그녀의 이름과 전화번호만 알고 있다면! 지금 내가 할 수 있는 일이란 그녀를 위해 기도하는 것뿐이었다.

잠자리에 들 시간이었다. 가방에서 잠옷을 꺼내는데 아내가 쓴 쪽지가 있었다.

"당신과 하나 된, 당신의 사랑, 당신의 잉그릿."

나의 장막, 나는 나의 장막을 생각했다. 그리고 잠이 들었다.

다음날 아침에는 좀 일찍 일어났다. 호텔 식당에서 아침을 맛있게 먹고 방으로 돌아오자마자 곧 다니엘이 왔다. 사람들에게 내 강의에 대한 많은 평을 듣고 온 것 같았다.

"나이 많은 사람들의 반응은 어떻습니까?"

"일반적으로 매우 좋아요. 제일 나이 많은 한 사람이 이렇게 말했어요. '처음에 그분이 교회에서 결혼에 대해 설교한다는 말을 들었을 때는 틀림없이 나쁜 사람일 거라고 생각했어요. 하지만 지금은 결혼이 하나님과 관계 있는 것일지도 모른다는 것을 알게 되었지요.'"

"그 점이 전달되었다면 굉장한 성과예요."

"저는 뭐가 제일 기뻤는지 아세요? 우리 교회에는 자녀가 없는 부부가 있어요. 그것 때문에 상당한 괴로움을 겪었죠. 그러나 서로 아주 사랑하기 때문에 이혼은 생각지도 않았지요. 그들은 자녀가 없어도 삼각형이 완전하다는 사실로 인해서 아주 큰 위로를 받았어요."

"그러니까 밭의 개념은 이 나라 사람들에게도 아주 지배적이군요."

"네, 굉장히 지배적입니다. 우리 나라 사람들은 그것을 전통적으로 믿어 왔어요. 자녀는 남자의 씨에서 자라나는 것이고, 아들은 딸보다 더 소중하며, 밭은 팔려야만 된다고요."

다니엘과 이야기하는 것은 즐거웠다. 그는 깊은 통찰을 가졌다. 그 이상 훌륭한 통역자를 구한다는 것은 불가능하리라. 그를 통해 나는 상당히 격려를 받았다. 그는 진정한 형제였다.

"이걸 아세요? 저는 근본적으로 이 세상에 결혼에 대한 개념이 두 가지밖에 없다는 결론을 내렸습니다. 밭의 개념과 삼각형으로 표현되는 성경적 개념 말입니다. 물론 형태는 여러 가지로 조금씩 다를 수 있겠지요."

다니엘은 잠깐 생각에 잠겼다. 그러고 나서 이렇게 말했다.

"'떠나는 것'이 우리 도시에서는 가장 큰 문제입니다. 우리의 결혼은 '떠나는 병'을 앓고 있어요. 자녀들은 부모의 동의 없이 떠나거나 아니면 아예 떠나지 않습니다. 양쪽 다 결혼은 문제에 빠지게 됩니다. 우리 나라 사람들은 어떻게 떠났으면서도 여전히 연결되어 있을 수 있는지, 혹은 어떻게 연결되어 있다고 느끼면서 떠날 수 있는지 알지 못합니다."

"그것을 어떻게 말로 설명할 수 있겠습니까? 그것은 역설이에요. 그것을 설명할 수 있는 길은 그리스도를 통해서뿐입니다. 바울이 에베소에 있는 성도들에게 보낸 서신 가운데 이런 표현이 있습니다. '이러므로 사람이 부모를 떠나……내가 그리스도와 교회에 대하여 말하노라' 엡 5:31-32. 그리스도께서는 그의 아버지를 떠났지만 여전히 아버지와 하나였습니다. 이런 찬송가도 있습니다. '아들은 아버지를 떠나도 영원히 그 집에 남아 있도다.'"

"옳은 말씀입니다. 그러나 이것을 우리 성도들에게 설명해 주실 수 있겠습니까?"

"노력해 보지요. 그러나 한 가지만 물을게요. 어젯밤 목사님에게 개인적으로 가장 와 닿았던 점은 무엇이었습니까?"

다니엘은 이미 대답을 준비하고 있었던 것 같았다.

"두 사람이 가장 가까운 존재라는 점이었습니다. 그 어느 것보다, 누구보다 가까운 존재라는 것 말입니다. 저는 목사로서의 사역과 결혼 생활을 균형 있게 맞추는 것이 굉장히 어려워요. 아내를 위해 시간을 충분히 내지 못합니다. 항상 내 일이 먼저고 아내는 그 다음이지요. 아내가 제 식사 시간을 알 수 없다고 불평하는 것은 정말 맞는 말이에요. 게다가 식사하는 도중에도 손님이 오거나 전화가 오면 서너 번씩 일어나야 하거든요."

"저는 어제 차에서 사모님이 한 말이 농담인지 진담인지 몰랐어요."

"아내는 아주 진지하게 말한 겁니다. 그리고 그 말은 맞는 말이에요. 하지만 어떻게 모든 것을 변화시켜야 할지 모르겠어요. 또한 목사님이 서로 나누는 것에 대해 말한 것도 아주 감명 깊었어요. 우리 부부는 그렇게 하지 않아요. 그럴 시간이 없으니까요."

그가 계속 이야기하고 있는데 전화벨이 울렸다. 그 여자였다.

"지금은 어디서 전화를 거는 거죠?"

"학교에서요. 지금 쉬는 시간이에요."

"어젯밤 나를 만나러 오는 문제에 대해 남편에게 말했나요?"

"아뇨."

"나는 어젯밤 당신을 위한 말씀을 발견했어요. 성경을 가지고 있나요?"

"네, 마을 학교에 다닐 때부터 하나 가지고 있었어요."

"그러면 예레미야 10:20을 보세요. 당신을 위한 구절이에요."

"그렇게 하겠어요. 안녕히 계세요. 지금 수업 시간 종이 울리고 있어요."

나는 수화기를 놓았다.

"익명의 전화 방문객이었어요. 지금 받은 전화가 세 번째 전화예요. 그녀는 결혼을 합법화하기를 원치 않는 남자와 살고 있어요. 그러나 그는 그녀를 학교에 보내 주었고, 그녀는 그것이 자기를 사랑하는 증거라고 믿고 있어요."

"그런 일은 우리 도시에서 별로 드문 일이 아닙니다. 사람들이 교회에서 결혼식을 하는 것은 아주 보기 힘들어요. 사람들은 그렇게 하면 이혼하기가 더 어렵기 때문에 주저하지요. 아이를 몇 명 낳은 다음에 교회에서 결혼식을 하게 해달라고 요청할지도 모르죠. 보시다시피 여기 생활은 목사님의 삼각형처럼 그렇게 직선적이고 윤곽이 뚜렷하지 못해요. 온갖 종류가 다 있답니다."

"말씀해 주셔서 고맙습니다. 이 여자도 삼각형을 좋아하지 않았어요. 모서리가 자신을 찔렀다네요."

"나도 참 아팠는데요."

다니엘이 웃으며 말했다.

"자, 이제 목사님의 문제로 돌아갑시다. 오늘 밤 강의가 끝나고 아이들이 잠이 들면 우리 함께 저녁 식사를 할까요? 목사님 부부와 함께 이야기를 하고 싶어요."

모리스는 그날 밤 나이 많은 부인과 함께 나를 데리러 왔다. 그녀는 키가 작고 여위었으며 머리는 완전히 희어서 마치 스카프를 쓴 것 같았다. 주름살투성이의 얼굴에서 두 눈이 반짝거렸다.

그녀는 마치 내가 자신의 말을 알아듣는 것같이 말을 걸었다. 모리스가 통역했다.

"어머니가 목사님께 인사하면서 자기를 임자 없는 재산이라고 말씀하시는군요."

"아드님한테 어젯밤 설교에 대해 들으셨습니까?"

그녀는 고개를 끄덕였다. 그러더니 아들을 가리키면서 말했다.

"모리스는 재산 없는 주인이죠."

"아주 훌륭한 아들을 두셨습니다."

"그래요. 나를 아주 잘 돌보아 주지요."

"아들이 자랑스러우시죠?"

"네. 하지만 제 아들에게는 아내가 필요해요. 나는 며느리를 잘 돌볼 거예요. 그녀는 일을 많이 할 필요가 없을 거예요. 내가 두 사람을 위해 요리도 할 수 있으니까요."

모리스가 이 마지막 말을 통역한 다음에 나는 그에게 말했다.

"어머니는 당신이 아내를 데려와도 자신이 계속 가정을 다스릴 것으로 생각하고 있습니다. 내가 어제 '떠나는 것'에 대해 말한 것을 어머니에게 조심스럽게 설명해 드려야만 해요. 특히 부엌 일에 관해서는요. 어머니가 당신의 집으로 오신다 해도 누가 부엌을 지배할 것인가를 아주 분명히 해두어야만 합니다."

"저는 목사님이 어머니에게 설명해 주셨으면 합니다. 목사님이 말씀하시는 것이 어머니에게는 좀더 의미가 있을 것입니다. 참 이상한 일이지만 어떤 것은 낯선 사람이 말했을 때 더 잘 받아들이게 되거든요."

"나는 모든 사람들이 '떠나는' 문제에 대해 어려움을 가지고 있다고 생각합니다. 그것은 단순히 사람의 지혜가 아니고 하나님의 지혜랍니다."

우리는 교회에 도착했다. 교회는 다시 꽉 차 있었다. 다니엘과 함께 강단에 섰을 때, 우리가 전할 메시지에 관해 그와 내가 완전히 하나가 된 것 같은 느낌이었다.

사랑 · 결혼 · 성의 상호 작용

"어제 우리는 결혼의 삼각형, 즉 떠나는 것과 연합하는 것과 한 몸이 되는 것에 대해 이야기했습니다. 이것은 오직 두 사람 사이에서만 가능한 일입니다.

그 후에 한 부인이 전화를 걸었는데, 그 삼각형이 마음에 들지 않는다고 했습니다. 각과 모서리와 점들이 너무 많아 자신을 찌른다는 것입니다. 나는 그녀의 말을 이해했습니다. 혼인, 사랑, 성으로 된 이 삼각형을 움직일 수 없는 것으로 생각지 말고 살아 있는 것으로 생각합시다.

예를 들어 나는 한 원 안에 서 있는 세 명의 곡예사를 본 적이 있습니다. 그들은 마치 삼각형의 세 점과 같이 서로 같은 거리만큼 떨어져 서서 쉬지 않고 공을 주고받았습니다. 서로 받아야 할 뿐 아니라 동시에 주어야 했습니다. 서로 리듬을 유지하는 한 그 게임은 완전한 조화 가운데 계속될 수 있습니다."

힘의 상호 작용

"결혼은 이 같은 숙련된 재주와 같습니다. 결혼 생활은 법적 관계와 개인적 관계와 육체적 관계의 상호 작용에 달려 있습니다."
　이 말을 하면서 나는 서류가방에서 나무로 만든 삼각형을 꺼내 청중이 볼 수 있도록 높이 들었다.
　나는 왼쪽 아래 각을 쥐고 말했다.
　"결혼에는 사랑이 필요합니다. 결혼은 사랑으로부터 완성과 기쁨을 얻습니다. 사랑은 결혼에 주어지는 선물이며, 결혼 생활에 모험심과 기대를 공급합니다. 사랑은 결혼이라는 혈관 속에서 약동하는 피와 같습니다. 사랑은 결혼을 살아 있게 만듭니다.

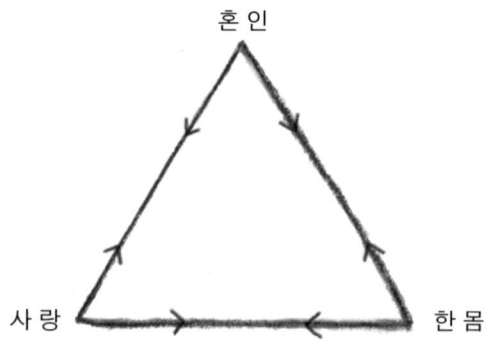

그리고 혼인, 즉 결혼한 상태는 이 생명을 성적 결합으로 전달해 주며, 은신처를 마련해서 한 몸을 이루게 합니다. 어떤 여자는 그 삼각형을 장막과 같이 생각하고 싶다고 했습니다. 사실상, 결혼은 육체적 교제를 위한 하나의 장막입니다. 사랑하는 사람들은 그 안에 있을 때 보호받고 있다는 느낌을 받습니다. 두려움으로부터 해방되어 큰 만족감과 평안을 경험하게 됩니다.

그리고 그 평안은 사랑으로 이어집니다. 이처럼 강한 기초 위에 세워진 결혼은 감정의 변화를 초월합니다. '장막' 속에서 한 몸을 이루는 경험은 사랑을 더욱 강화시키고 자라게 합니다. 그것은 사랑을 충실하게 하는 동기가 되며 사랑이 지속되도록 합니다.

사랑은 육체적 결합으로부터 힘을 받기만 하는 것이 아닙니다. 사랑은 또한 한 몸을 이루는 데 힘을 줍니다. 사랑은 육체적인 표현을 갈망하며, 그것을 더 심오하게 하고, 의미 있고 귀중한 것으로 만듭니다. 결혼을 이룬 사랑의 행위로서 한 몸으로 결합하는 것은 완전한 의미의 '사랑의 행위'가 됩니다.

따라서 '장막' 안에서의 사랑의 행위는 결혼으로부터 보호를 받을 뿐 아니라 결혼을 보호해 주기도 합니다. 서로에게 육체적으로 헌신함으로써 사랑하는 사람들은 그들의 결혼 서약을 거듭거듭 새롭게 하는 것입니다.

결혼은 이처럼 항상 새로워지는 확신을 통해 사랑을 강화시킵니다. 그렇기 때문에 결혼이 사랑을 필요로 하는 만큼 사랑도 결혼을 필요로 하는 것입니다. 사랑이 점점 식어갈 때, 남편과 아내는 그들이 결혼했다는 사실을 기억하고 또 서로에게 한 약속을 서로 되새겨 줍니다. '어쨌든 나는 당신과 결혼했습니다.'라고 그들은 말합니다. 그래서 결혼은 사랑의 보호자가 되고 후견인이 되는 것입니다."

하나님의 뜻

"우리 시대에는 성과 사랑과 결혼에 대해 큰 혼란이 일어나고 있습니다. 이 혼란은 아프리카뿐만 아니라 동서양 어디에서나 지배적입니다.

이 사실에 비추어 볼 때 본문으로 택한 성경 말씀은 아주 현대적이라고 봅니다. 그 내용은 정확하게 같은 세 가지 요소를 포함하고 있습니다. 가장 큰 질문은 '성과 사랑과 결혼에 관한 하나님의 뜻은 무엇인가?', '하나님께서는 그것들을 어떻게 연관시키기 원하시는가?' 하는 것인데, 아무도 감히 이 질문에 답변할 수 없습니다. 그렇지만 나는 이와 같이 혼란스러운 시대에 우리의 행동 지침이 될 만한 것을 제안하고 싶습니다.

하나님의 뜻은 힘들의 상호 작용입니다. 그러므로 그 상호 작용에 도움을 주는 것은 모두 하나님의 뜻과 조화를 이룹니다. 반대로 그것을 방해하는 것은 모두 하나님의 뜻과 조화를 이루지 못합니다.

이 지침은 결혼 생활뿐만 아니라 결혼 전에도 적용됩니다. 결혼하기 전에 여러분은 스스로 다음과 같은 질문을 해보아야 합니다. '우리가 하려고 하는 것은 나중에 우리 결혼 생활에서 힘의 상호 작용에 도움이 될 것인가?' 또 결혼 생활 중에도 스스로 질문해 보아야 합니다. '우리의 행동이 힘의 상호 작용을 더 깊게 할 것인가 아니면 궁극적으로 그 작용을 방해할 것인가?'

활력적인 삼각형 안에 있는 힘의 상호 작용은 쾌활함과 창조적인 자유로 가득 차 있습니다. 창세기 2:24에서 하나님은 모든 상황, 모든 문화권에서 개인의 필요를 충족시켜 주는 한 모형을 제시하십니다. 왜냐하면 하나님의 뜻은 그리스도인에게만 유효한 것이 아니기 때문입니다. 그분의 뜻은 전인류에게 유효합니다.

활력적인 삼각형 즉 본문에 있는 지침이 되는 모형은 모든 사람에게 주시는 하나님의 선물입니다. 그것은 선물입니다. 하나님께서는 우리에게 주시지 않고는 결코 우리에게 어떤 것을 요구하시지 않습니다."

청중은 생각에 잠긴 채 조용히 앉아 있었다. 그들은 칠판에 그려진 삼각형과 내 손에 있는 삼각형을 바라보고 있었다. 나는 그들의 생각을 알려고 애쓰면서 말했다.

"여러분은 지금 실망하셨는지도 모릅니다. 이렇게 말씀하실지도 모릅니다. '만일 결혼이 그와 같이 기술적인 일이라면 나는 완전한 결혼과는 거리가 멀다.' 저도 알고 있습니다. 저도 똑같이 느끼고 있습니다. 그리고 다니엘 목사님 역시 그럴 것입니다."

다니엘은 고개를 끄덕였다.

"완전한 결혼이란 없습니다. 결혼은 우리를 겸손하게 합니다. 겸손해질 수 있는 가장 확실한 방법은 결혼하는 것입니다. 우리는 항상 삼각형의 한 각에서 열심히 노력해야 합니다.

결혼 생활에서 대부분의 문제는 세 힘 가운데 적어도 하나가 삼각형 안에 완전히 통합되지 못할 때 생기는 법입니다. 이제 결혼 생활에서 나타나는 몇 가지 질병을 진단해 보면서 우리의 지침이 되는 모형을 살펴보도록 합시다.

여러분이 모두 결혼의 질병을 다루는 의사라고 가정해 봅시다. 우리는 결혼 병원을 방문하려고 합니다. 제가 여러분에게 환자 몇 명을 소개하겠습니다.

첫 번째 환자는 삼각형의 왼쪽 각에 문제가 있는 사람입니다. 사랑이 식어 버린 것입니다. 저는 이 병을 공허한 결혼이라 부르겠습니다."

공허한 결혼

"이 경우는 이렇게 설명할 수 있습니다. 한 쌍이 법적으로 결혼했습니다. 그리고 꽤 많은 시간이 흘렀습니다. 그들은 육체적 교제도 가졌습니다. 그러나 사랑은 사라져 버렸습니다.

이러한 상태의 원인은 여러 가지일 수 있습니다. 어쩌면 처음부터 사랑이 없었는지도 모릅니다. 아니면 어려서 너무 일찍 결혼했고, 그들이 사랑이라고 생각했던 것이 '연합'의 특성이 결핍된 것이었는지도 모릅니다. 혹은 그들의 결혼이 순전히 육체적 매력에 기초를 두고 있었는데 세월이 지나면서 육체적 매력이 이전만큼 강하지 않기 때문일 수도 있습니다. 혹은 사랑의 불길에 기름을 넣는 일을 소홀히 하고 가정 일이나 직장 일 혹은 아이들에게 너무 몰두했는지도 모릅니다. 그들은 서로 다른 관심사를 가지고 있으면서 서로 나누지 않았고, 너무 빨리 공동 기지를 잃어버렸습니다.

이것은 위험한 병입니다. 이 병에 걸린 결혼은 오래 가지 않아 중태에 빠집니다. 초기에는 '결혼의 겉모습'에 의해 쉽게 감추어질 수 있으며 외적으로는 그렇지 않은 것처럼 속일 수 있습니다. 그 부부는 여전히 같은 집에서 삽니다. 그러나 그것이 전부입니다.

그 병은 절대 가만히 있지 않습니다. 병이 진전되면서 다음과 같은 증세가 나타납니다. 부부는 말이나 행동에서 서로 거칠어집니다. 그리고 서로에 대한 거친 언행은 완전한 무관심의 상태로 변하고 두 사람 사이의 공백은 더욱더 커집니다.

어느 날 이 공백은 육체적 관계에도 필연적으로 영향을 미치게 됩니다. 삼각형에서 세 각은 서로 뗄 수 없는 관계에 있기 때문에 하나가 병이 나면 다른 둘에도 전염됩니다. 성행위는 의무와 짐이 되어 버립니다. 성과 결혼 사이에 긴장감이 조성됩니다.

곧 남편은 아내보다 자기를 더 잘 이해해 주는 여자를 찾습니다. 아내는 남편보다 자기를 더 잘 위로해 주는 남자를 발견하게 됩니다. 질투가 스며들고, 정신적 불성실이 육체적 불성실로 이어집니다. 결국 간통은 법적 기반 곧 삼각형의 맨 위 각에도 영향을 미치게 됩니다.

이런 병은 수많은 영화와 소설에서 묘사되고 설명되어 왔습니다. 그런데 소설이나 영화에서는 그릇된 방법으로, 즉 사랑이 죽은 것이 결혼 때문이라고 비난합니다. 우리로 하여금 결혼 밖에서의 사랑만이 생생하게 살아 있을 수 있으며, 찬사와 흥미와 매혹과 매력이 있다고 믿게 하려고 합니다.

그러나 그 진단은 틀린 것입니다. 결혼이 사랑의 죽음을 초래하는 것이 아니라 오히려 사랑의 결핍이 결혼의 죽음을 초래하는 것입니다. 그리고 결혼 밖에서의 사랑은 결국 부부를 멸망시키는 파괴적인 대초원의 불길이 되기 쉽습니다.

또한 영화나 소설에서는 좀처럼 표현되지 않는 한 가지 가능성이 있습니다. 그것은 삼각형의 상호 작용에 의한 온전한 사랑, 즉 결혼한 부부의 행복한 사랑의 가능성입니다. 진정한 치료는 여기에만 있습니다. 그러나 그것은 사랑이 완전히 죽기 전에, 그리고 삼각형의 나머지 두 각으로 전염되기 전에 적용해야 합니다.

그럼, 다음 환자에게로 가 봅시다. 이 부부의 문제는 삼각형의 맨 위 각에 있습니다. 저는 이 병을 도둑 맞은 결혼이라 부르겠습니다."

도둑 맞은 결혼

"이 경우의 증세는 다음과 같습니다. 두 사람은 서로 사랑한다고 생각합니다. 또한 육체적 교제도 가집니다. 그러나 아직 법적으로 결혼하지 않았습니다.

이것은 오늘날 가장 큰 유혹 가운데 하나입니다. 결혼식을 올리는 법적 행위를 단순한 하나의 형식으로, 중요하지 않은 종이 조각으로 간주하고, 언젠가 할 수도 있고 하지 않을 수도 있다고 생각하는 것입니다. 사람들은 사랑과 성의 두 각이 결혼 전체를 대표하는 것처럼 꾸밉니다.

어떤 사람들은 아주 진지하게 계약 결혼을 제안합니다. 그들은 서로 잘 맞는지 안 맞는지 알아보기 위해 잠시 동안만 동거해 볼 것을 제안합니다. 만일 서로 맞지 않는다는 결론에 도달하면 이혼을 하지 않고도 헤어질 수 있다고 말입니다. 그러나 이러한 제안은 성과 사랑의 두 각이 전부라는 환상에서 나오는 것입니다.

그것은 사실이 아닙니다. 결혼은 그런 식으로 시험할 수 없는 것입니다.

이 경우 서로의 관계가 병이 들게 됩니다. 그 증세는 상처받은 마음과 파괴된 생활입니다. 특히 여자 쪽에서 더 그렇습니다. 여러분은 어떻게 생각할지 모르지만, 많은 사회에서 순결을 잃은 여자는 별로 좋지 않은 시선으로 바라봅니다. 우리 나라에서는 결혼하지 않은 여자에게 아이가 있으면 매우 불리한 입장에 처하게 됩니다. 그래서 여자가 임신한 것을 알게 되면 흔히 결혼을 서두르고 강요합니다. 그러나 이러한 결혼은 대부분 이혼으로 끝나고 맙니다.

우리는 또한 그러한 환경에서 자라는 아이들도 고려해야만 합니다. 그들은 결혼의 은신처를 빼앗깁니다. 장막의 지붕이 없습니다. 비가 샙니다. 그들은 결혼이라는 장막 전체를 빼앗길 뿐만 아니라 아버지까지 빼앗깁니다. 이것이 자녀들의 생활에 미치는 영향은 아무리 강조해도 지나치지 않습니다. 확실히 장막의 지붕인 결혼식은 반드시 필요합니다."

이 부분을 말하면서 익명의 전화 방문객을 생각지 않을 수 없었다. 그녀는 오늘 밤 저 청중 가운데 다시 와 있을까? 이런 생각이 떠오르자 재빨리 다음과 같이 덧붙였다.

"장막의 꼭대기를 없애 버리고 '자유 연애' 혹은 '계약 결혼'을 하는 사람들은 흔히 이것 때문에 피임을 반드시 해야 한다고 말하지 않습니다. 그들은 이것이 피임이나 그들의 관계에 어떤 영향도 미치지 않는 것처럼 꾸밉니다. 그러나 그것은 사실이 아닙니다. 특히 결혼 전 상태에서 어떤 피임법은 사랑의 자발성과 위엄에 대한 치명적인 위협을 나타냅니다."

여기서 나는 망설였다. 나는 얼마나 더 자세히 말해야 할지 알 수 없었다. 나는 손가락으로 노트에 쓰여진 '질외 사정', '지나친 애무', '콘돔' 같은 단어를 가리켰다. 다니엘이 그 단어를 힐끗 보더니 가볍게 고개를 끄덕였다. 강단에서의 이러한 협동은 놀라운 경험이었다. 물론 나는 거기에 응해 계속 이야기했다.

"반복하겠습니다. 그것은 사랑의 장애물입니다. 바로 앞에서 살펴본 것처럼 삼각형의 한 각이 병들면 다른 두 각도 영향을 받고 똑같이 전염됩니다. 그들은 서로 불화를 일으킵니다.

사랑이 결핍되면, 성과 결혼은 서로 분리됩니다. 만일 결혼식이 없었다면 그때는 사랑과 성이 서로 적대시하게 됩니다. 성적 결합은 흔히 품위 없는 환경에서 성급하고 은밀하게 행해집니다. 이와 같은 경험은 사랑을 꽃피게 하는 것이 아니라 사랑을 시들어 버리게 합니다.

우리는 미국과 유럽에서 이러한 문제가 아주 흔히 일어나는 것을 봅니다. 보기 드문 좋은 영화 중 하나로, 최근 독일어로 상영된 영화가 도둑 맞은 결혼의 질병을 아주 잘 표현했습니다. 한 젊은 부부가 아주 행복하게 동거 생활을 했습니다. 영화가 약 20분쯤 상영된 후에 관객들은 그 부부가 결혼하지 않았다는 것을 알게 됩니다. 친구들과 친척들은 그들에게 결혼을 하도록 설득하려고 노력했습니다. 그러나 그들은 거절했습니다. 처음에는 모든 것이 잘되어 갔습니다. 그러다가 여자가 임신을 했습니다. 그들 사이의 사랑과 신뢰는 그녀가 그 사실을 감히 '남편'에게 말할 수 있을 만큼 깊지 못했습니다. 그래서 그녀는 비밀리에 유산시키기로 결정했습니다.

마지막 장면은 그녀가 수술 후 아파트 소파에 완전히 지친 채 누워 있는 것입니다. 남편은 직장에서 돌아와 무슨 일이 일어났는지 알게 됩니다. 그는 그들을 분리시키는 크고 텅 빈 테이블 맞은편 끝에 앉습니다. 침묵이 흐릅니다. 둘 다 아무 말도 하지 않습니다. 그들은 더 이상 서로에게 할 말이 없습니다. 결혼식이라는 각이 없었기 때문에 사랑은 영속성과 진실성을 입증할 기회를 잃은 것입니다. 성은 사랑의 죽음이 되었습니다."

말을 잠깐 멈추었을 때, 젊은 사람들 가운데 어떤 반응이 일어나고 있는 것을 감지했다. 그들의 눈빛을 보고 이 영화가 그들의 도시에서도 일어날 수 있는 일이었다는 결론을 내렸다.

"결혼 병원에 있는 다음 환자에게로 가 봅시다. 그들은 삼각형의 오른쪽 각과 관계가 있습니다. 이 각 역시 병들 수 있습니다. 저는 이 병을 충족되지 못한 결혼이라 부르겠습니다."

충족되지 못한 결혼

"부부는 결혼을 했습니다. 법적으로 결혼한 지 이미 10년, 20년이 지났습니다. 그들은 서로 끔찍이 사랑하며 이혼은 생각지도 않았습니다. 그러나 이러한 사랑에도 불구하고 그들의 육체적 관계는 불만족스럽고 충족되지 못했습니다.

남편은 말합니다. '아내는 냉랭합니다. 정상적으로 반응을 보이지 않아요. 아내는 다만 사랑의 행위를 받아들일 뿐 나를 초대하는 적은 결코 없는 것 같습니다. 아내는 거기서 즐거움을 전혀 발견하지 못합니다.'

아내는 말합니다. '남편은 너무 빠릅니다. 언제나 나를 강요하고 능욕하는 것처럼 느껴집니다. 그는 결코 충분히 해주는 적이 없어요.' 또는 그 반대로 말할지도 모릅니다. '그는 언제나 지쳐 있어요. 나는 갈망하는데 그는 등을 돌리고 잠만 잡니다. 그는 너무 무기력해요.'"

기대하지 않았던 폭소가 터져 나왔다. 나는 그 순간 무기력하다는 것이 아프리카에서는 굉장히 우스꽝스럽게 여겨진다는 사실을 잊고 있었다. 무기력한 남자는 인간 이하로 취급되었다. 아프리카 남자는 무기력함을 죽음보다 더 두려워한다.

"결혼 생활에서 육체적 관계의 질병은 두 사람에게 굉장한 고통이 됩니다. 다만 그들은 서로 사랑하기 때문에 그리고 서로를 행복하게 해주기 원하기 때문에 그 모든 고통을 견딥니다. 이 병은 어디서 생기는 것일까요?

많은 경우에 충족되지 못한 결혼은 도둑 맞은 결혼의 직접적이거나 간접적인 결과입니다. 여러 가지 성병을 말하는 것이 아닙니다. 도둑 맞은 결혼이 종종 충족되지 못한 결혼을 낳는다고 말하는 것은, 다소 냉담한 상대방끼리 비밀리에, 시간적인 압박감 속에서, 마음이나 전인격이 포함되지 않은 육체적 관계만을 의미합니다.

다시, 이 병으로 인해 다른 두 각이 어떠한 영향을 받는지 살펴보겠습니다.

육체적 교제가 힘들어질 때, 그것은 항상 한 사람 혹은 두 사람의 실망으로 끝나게 되기 때문에, 부부는 곧 사랑이 없다고 상대방을 비난하게 됩니다. 단조로움이 증가됩니다. 인격적 관계가 비인격적 기교로 변합니다. 사랑은 식어서 냉랭해집니다. 이런 일이 생기면 곧 좀더 민감한, 아니면 좀더 배려 깊은 상대를 찾아 결혼 밖에서 성적 욕구를 만족시키려는 유혹이 커집니다. 그래서 결혼의 법적인 면이 위태로워집니다. 간통과 나아가서 이혼이 그 결과가 됩니다. 이 병 또한 제때에 치료하지 않으면 결혼을 죽음으로 이끌어 갑니다."

나는 이 점을 이야기하면서 내심 안도의 한숨을 쉬었다. 내 강의에서 가장 아슬아슬한 부분까지 왔는데 다니엘은 조금도 주저하지 않고 통역했고 나이 많은 사람들도 감정이 상한 것 같지 않았기 때문이다.

"결혼을 준비하는 사람들은 좀더 실제적인 질문을 할 것입니다. '우리는 어떤 각을 통해 결혼이란 삼각형에 들어갑니까?'

일반적으로, 이 질문에는 세 가지 답변이 있습니다. 바로 전통적 답변, 현대적 답변, 성경적 답변입니다. 그것들을 하나하나 살펴보기로 합시다.

전통적 답변은 삼각형의 꼭대기 각으로 들어갈 것을 제안합니다. 그것을 혼인의 문이라 부르겠습니다."

혼인의 문

"최근까지 이것은 아프리카나 아시아뿐만 아니라 서양에서도 정상적인 문이었습니다.

혼인은 당사자가 아닌 부모에 의해 주선됩니다. 때로 두 사람은 결혼식 날이나 혹은 바로 직전에 처음으로 얼굴을 보게 되는 경우도 있습니다.

이 문의 목적은 아주 명백합니다. 바로 자녀입니다. 만일 자손을 위해서가 아니라면 무엇 때문에 삼각형에 들어가겠습니까? 혼인의 문은 밭의 개념에 속합니다."

나는 다시 나무 삼각형을 집어 들고 꼭대기 각을 가리켰다.

"사람들은 혼인의 문으로 들어가서 곧장 섹스의 각으로 갑니다. 혹은 이 경우에 우리는 섹스의 각을 '생산의 각'이라고 부를 수도 있습니다. 성적 결합은 좁은 의미에서 볼 때 아이를 낳기 위한 수단이기 때문입니다.

사랑의 각은 무시되거나 아주 소홀히 취급됩니다. 그것은 부부와 가족 사이에 갈등을 가져오기 때문에 더욱 위험한 것이 될 수도 있습니다. 만약 젊은이들이 가족이 제안하는 사람이 아닌 다른 사람을 선택한다면 어찌하겠습니까? 절대 전통적인 방법으로 이루어지는 결혼이 모두 불행하게 된다고 말하는 것이 아닙니다. 사랑은 확실히 결혼 생활 가운데서 자랄 수도 있습니다.

미국과 유럽에서 아주 유명했던 '지붕 위의 바이올린'이라는 뮤지컬이 있습니다. 한 유태인 부부의 이야기로, 우유 장수 테비와 그의 아내 골드의 이야기를 노래한 것입니다. 그들은 혼인의 문을 통해 결혼에 들어간 전형적인 부부입니다. 결혼 생활 25년 만에 그들은 서로 사랑하는가를 묻습니다.

테비 : 골드, 한 가지 질문이 있소. 나를 사랑하오?
골드 : 당신은 바보군요.
테비 : 알고 있소. 그러나 나를 사랑하오?
골드 : 내가 당신을 사랑하냐구요?
　　　25년 동안 나는 당신을 위해 옷을 빨았고, 음식을 만들었고, 집을 청소했고, 아이를 낳았고, 소젖을 짰어요.

25년이 지난 지금 왜 사랑에 대해 이야기하시는 거죠?

테비 : 골드, 내가 당신을 처음 만난 건 우리 결혼식 날이었소. 나는 겁이 났었지.

골드 : 나는 부끄러웠어요.

테비 : 나는 안절부절 못했소.

골드 : 나도 그랬어요.

테비 : 그러나 우리 아버지와 어머니는 우리가 서로 사랑하는 것을 배우게 될 거라고 말씀하셨지.
그래서 지금 당신에게 묻고 있는 거요.
골드, 당신은 나를 사랑하오?

골드 : 나는 당신의 아내예요.

테비 : 알고 있소. 그러나 나를 사랑하오?

골드 : 내가 당신을 사랑하냐구요?
나는 25년 동안 당신과 함께 살았어요.
당신과 싸우기도 하고, 함께 굶기도 했지요.
25년 동안 내 침실은 당신의 것이었어요.
그것이 사랑이 아니라면 무엇이란 말인가요?

테비 : 그럼 당신은 나를 사랑한단 말이오?

골드 : 그런 것 같아요.

테비 : 그러면 나도 역시 당신을 사랑하는 것 같소.

테비와 골드 : 하나도 변한 것은 없어요. 그러나 25년이 지난 뒤에 그것을 알게 되니 좋군요.[1]

---

1) 조셉 스타인의 지붕 위의 바이올린에서 인용함.

미국인들과 유럽인들은 낭만적인 사랑의 가치를 지나치게 높이 평가하려는 경향이 있습니다. 아프리카 사람과 아시아 사람들이 이것에 대해 경고할 때 우리는 그들의 말에 귀를 기울여야만 할 것입니다.

어떤 인도 사람이 사랑을 수프 그릇에, 결혼을 화로 위에 놓인 뜨거운 접시에 비유하면서 이렇게 말한 적이 있습니다. '당신네 서양 사람들은 뜨거운 그릇을 차가운 접시 위에 놓고 천천히 식힙니다. 그러나 우리는 찬 그릇을 뜨거운 접시 위에 놓고 천천히 데웁니다.'

이 비유에는 상당한 진리가 담겨 있습니다. 그것은 사랑이 결혼의 필수 요소라는 사실을 부인하지 않습니다. 그러나 또한 결혼이 단순한 사랑 이상의 것임을 보여 줍니다. 그것은 달빛이나 장미뿐만 아니라 설거지와 기저귀도 포함하고 있습니다.

그러나 이러한 사실에도 불구하고, 혼인의 문이 가장 장래성 있는 것인가에 대해서는 여전히 의심의 여지가 있습니다. 사랑에서 나오는 능력이 삼각형의 힘의 작용에 부합하지 않으면, 그 위험은 삼각형의 균형이 깨어져 버릴 정도로 큽니다. 말할 필요도 없이 당사자들의 동의 없이 이루어지는 혼인은 굉장한 위험이 따르는 것입니다.

저는 아프리카에 있는 한 대학에서 여대생들의 토론에 참석한 일이 있습니다. 여대생들은 결혼에 대한 질문을 하고 싶어했습니다. 놀랍게도 그들이 가장 열을 올린 질문은 '어떻게 하면 우리는 결혼하지 않을 수 있는가?' 하는 것이었습니다. 제가 물었습니다. '왜 여러분은 결혼하기를 원치 않습니까?' 대답은 이러했습니다. '우리는 주위에서 사랑 없는 공허한 결혼을 너무나 많이 보기 때문에 혼인의 문으로 들어간다는 것은 생각만 해도 두렵습니다.'

그러므로 현대에는 그 답변으로서 다른 것을 제안하고 있는데, 곧 섹스의 문을 통해 들어가는 것입니다."

섹스의 문

"저는 먼저 한 가지 사실을 분명히 해두고 싶습니다. 제가 오늘 섹스의 문을 통해 삼각형으로 들어가기 원하는 사람들에 대해 말하는 것은 약혼한 사람에게 해당되는 것이 아닙니다. 약혼한 사람들의 문제는 특수한 것이며, 저는 그것을 내일 다루도록 하겠습니다.

오늘 저는, 사랑이 성 경험을 통해 자라난다고 생각하기 때문에 그것으로 결혼을 시작하려고 하는 사람들에 대해 이야기하는 것입니다. 그들은 당연히 이러한 사랑이 성실함으로 변하고, 거기서부터 거의 자동적으로 마침내 혼인에까지 이를 것이라고 생각합니다."

나는 다시 나무 삼각형을 들고 먼저 오른쪽 각, 곧 섹스의 각을 가리키고 거기서부터 왼쪽으로 해서 꼭대기까지 가리켰다.

"혹은 다른 방향으로 돌 수도 있습니다. 그들은 섹스를 통해 몸을 맡기면 상대방은 결국 자기와 결혼하게 될 것이며, 그렇게 해서 혼인 신고서를 손에 쥐게 되면 사랑은 어떻게 해서든지 따라올 것이라고 믿습니다.

이 두 가지가 다 착각입니다. 사랑은 섹스로 자라는 것이 아닙니다. 사랑이 있은 후에 섹스가 이루어져야만 합니다.

사실 결혼 안에서, 즉 장막이라는 은신처 안에서는 섹스가 사랑을 강하게 만듭니다. 그러나 장막 밖에서의 섹스는 사랑을 위해 행해지는 것이 아니라 순전히 이기적 이유로 행해집니다.

왜 남자는 잘 알지도 못하고 실제로 좋아하지도 않는 여자와 잠자리를 같이하려고 할까요?

여기에는 보통 세 가지 동기가 있습니다.

첫째, 섹스를 하지 않으면 병이 나거나 신경증 환자가 되거나 혹 두 가지가 다 일어날까봐 두려워서입니다.

둘째, 실제로 해봄으로써 배워야 한다고 생각하기 때문입니다.

셋째, 여자를 정복했다는 사실을 자랑하고 싶어서입니다.

첫 번째 이유는 사실이 아니며, 두 번째 이유는 불가능하며, 세 번째 이유는 그야말로 야비할 뿐입니다. 상기한 이유 중 어느 것도 사랑이나 상대방을 위하는 마음에서 우러난 것은 없습니다.

그와 같이 주장하는 젊은이는 오직 자기만 생각하는 것입니다. 그는 한 여자를 자기 목적을 위한 수단으로, 자기 목표를 달성하기 위한 도구로 사용하는 것입니다. 그는 결혼을 준비하고 있다고 할 수 없습니다.

그럼 여자는 왜 잘 알지도 못하고 실제로 좋아하지도 않는 남자와 잠자리를 같이하려고 할까요?

거기에도 보통 세 가지 동기가 있습니다.

첫째, 남자들 사이에서 인기를 얻고 싶어서입니다.

둘째, 의식적으로든 무의식적으로든 자기가 임신할 수 있는지 알고 싶어하기 때문입니다.

셋째, 남자를 묶어 두어 남편으로 삼기 위해서입니다.

이 세 가지 동기 역시 모두 사랑에서 나오는 것이 아니라 이기심에서 나오는 것입니다. 또한 이 이유 중 한 가지 때문에 자기를 버리려 하는 여자는 결혼을 준비하고 있는 것이 아닙니다.

그러한 여자는 인기가 있을 수도 있지만, 질이 나쁜 남자들 사이에서만 인기를 얻을 뿐입니다. 그런 여자는 곧 '쉬운' 상대로 알려질 것이며, 이런 이유로 그런 여자를 선택한 남자는 분명히 변변치 못한 남편이 될 것입니다.

그러한 여자는 임신하게 될지도 모르며, 그렇게 해서 자기도 어머니가 될 수 있다는 확신을 얻을 수도 있습니다. 그러나 그렇게 되면 그녀는 자기 아기를 하나의 목적을 위한 수단으로 무시

한 것이며, 그 아기는 또한 아버지 없이 자라야만 할 것입니다.

성관계를 통해 남자를 붙잡으려고 하는 것은 대부분 착각입니다. 남자들은 대개 정복한 요새에는 관심을 두지 않습니다. 그가 비록 의무감에서 결혼할지도 모르나 그 같은 결혼은 성공할 가망이 거의 없습니다.

언젠가 실연당한 여성이 이렇게 말한 적이 있습니다. '나에게는 처음이었습니다. 그러나 그에게는 마지막이었습니다.' 그녀는 자기가 원하는 것을 잡는 대신 오히려 잃어버렸습니다. 그리고 그 아픈 경험을 통해, 섹스는 사랑을 자라게 하지 못할 뿐 아니라 사랑을 파괴할 수도 있다는 사실을 배웠습니다.

성경에는 오늘날 가십 잡지에서나 볼 수 있는 이야기가 나옵니다. 왕의 아들 암논이 이복 누이인 다말을 꾀는 이야기입니다 삼하 13장. 암논은 병든 척하고 다말에게 몸소 음식을 먹여 달라고 졸랐습니다. 다말은 그가 보는 앞에서 과자를 구웠습니다. 그러나 과자를 굽는 것만으로 끝나지 않았습니다. 그 과자를 그의 입에 넣어 주어야만 했습니다. 그것도 침실에 단 둘이 남아서! 하지만 다말은 전혀 반항하지 않았습니다.

그리고 나서 일어날 일이 일어나고 말았습니다. '저에게 먹이려고 가까이 가지고 갈 때에 암논이 그를 붙잡고 이르되 누이야 와서 나와 동침하자' 11절. 다말은 마지막 순간에 하다 못해 혼인할 것을 제안했습니다. 그녀는 암논에게 왕의 결혼 승낙을 얻도록 요청했습니다.

그러나 그렇게 되지 않았습니다! '암논이 그 말을 듣지 아니하고 다말보다 힘이 세므로 억지로 동침하니라' 14절.

그 후에 우리는 엄청난 결과가 나타난 것을 볼 수 있습니다. 다음 절에는 이렇게 쓰여 있습니다. '그리하고 암논이 저를 심히 미워하니 이제 미워하는 미움이 이왕 연애하던 연애보다 더한지라 곧 저에게 이르되 일어나 가라.'

이 이야기는 우리에게 결혼의 삼각형은 뗄 수 없는 불가분의 관계임을 보여 줍니다. 세 번째 각이 떨어져 나가고 사랑이 결혼에 의해 유지되고 보호되지 않을 때, 성적 욕망이 사랑을 혐오와 증오로 변화시키는 파괴적인 힘이 된다는 것을 보여 주는 살아 있는 증거입니다.

그러므로 사랑의 증거로 섹스를 요구하는 사람은 사랑에 의해 행동하는 것이 아닙니다. 남자가 여자에게 '만일 당신이 나를 사랑한다면 당신 자신을 나에게 줌으로써 그것을 증명해 보라.'고 강요할 때에 적절한 답변은 하나밖에 없습니다. '이제 당신이 나를 사랑하지 않는다는 것을 알았습니다. 나를 정말 사랑한다면 그런 것을 요구하지 않을 테니까요.' 라는 답변입니다.

만일 여자 쪽에서 동일한 주장을 하며 사랑의 증거를 보여 달라고 요구한다면 그녀 역시 똑같은 대답을 들어야 함은 두말할 여지가 없습니다.

미국의 유명한 결혼 상담자인 폴 폽누 Paul Popenoe 박사는 이 점에 관해 아주 실제적인 제안을 했습니다. 그는 여자가 남자친구에게 다음과 같은 쪽지를 살짝 건네 주어야 한다고 했습니다. '나의 친구여, 천천히 갑시다. 그리함으로 내 속에 있는 좋은 것을 모두 보세요. 빨리 간다면 당신 속에 있는 것을 거의 볼 수 없답니다.'"

젊은 남자 청중 가운데 반항적인 움직임이 보였다. 그래서 나는 덧붙였다.

"자, 오늘은 자기 친구와 함께 섹스의 문으로 들어가지 않기로 결심한 한 여자의 편지를 인용하면서 끝마치겠습니다.

'우리가 이런 결정을 했기 때문에 우리 관계에는 편안함이 있습니다. 그것은 아직 정점에 이르지 않은 상태의 편안함입니다. 이것이 제가 가장 감사하게 생각하는 것입니다. 동시에 이 가벼움 속에는 위대하고 깊은 약속이 있답니다.'"

CHAPTER 5
완전한 결혼은 없다

강의가 끝난 뒤에 문 앞에 서서 사람들과 인사를 나누고 있을 때, 다소 키가 큰 여자가 부리나케 지나가면서 속삭였다.
"오늘 밤 호텔로 전화드리겠습니다."
"저는 목사님 댁에 있을 겁니다. 그곳으로 전화하세요."
"알겠어요."
"당신이 전화하면 알 수 있도록 이름을 알려 주세요."
"화트마예요."
그러고 나서 그녀는 가 버렸다.
어쩌면 그녀가 무명의 전화 방문객일지도 모른다는 생각이 본능적으로 들었다. 잠시나마 그녀를 따라가고 싶은 충동을 느꼈다. 그러나 곧 미리암이 디모데와 함께 왔다.

"저희와 다시 한번 이야기할 수 있을까요?"

"당신들이 함께 와 주었으면 좋겠군요."

우리는 다음날 오후 5시에 만나기로 약속했다.

마지막으로 인사한 사람은 모리스와 그의 어머니였다. 그녀는 두 손으로 내 손을 잡고는 몇 번이고 허리를 굽혀 인사를 했다.

"어머니는 목사님에게 감사하고 싶어하세요."

"특별히 감동받으신 것이 무엇인지 여쭤 보세요."

그의 어머니는 잠깐 동안 생각하더니, 모리스가 그녀의 대답을 통역해 주었다.

"어머니는 사랑이 결혼으로 들어갈 수 있다는 점이 아주 감동적이었답니다. 그리고 뮤지컬에서 여자가 한 말도요. '25년 동안 나는 당신과 함께 살았습니다. ……그것이 사랑이 아니라면 무엇이란 말인가요?'"

나는 조그마하고 늙은 여인의 뻣뻣하고 쇠약한 몸을, 생기 있는 눈이 반짝이는 주름진 얼굴을 바라보았다. 그리고 그녀의 어깨에 팔을 두르고 껴안아 주었다. 그녀가 그 구절을 기억하고 있었다는 것을 생각해 보라! 나는 깊이 위로를 받았다. 만일 그녀가 다른 언어와 다른 문화적 배경에도 불구하고 그 메시지를 알아들었다면 다른 사람들도 역시 알아들었으리라!

다른 배경? 그것이 무슨 상관이란 말인가! 유태인의 배경을 가지고 있고 러시아에서 일어난 일을 다룬 현대 미국 뮤지컬에 나오는 한 구절이, 아프리카 숲 속에서 자란 70세가 다 된 미망인을 감동시켰다면, 인간의 마음은 전세계에 걸쳐 똑같을 것이 틀림없다. 다른 것은 표면뿐이다. 그 밑바닥에는 벌거벗은 인간의 마음, 그리워하고, 두려워하고, 갈망하는 어디서나 똑같이 고동치는 마음 외에는 아무것도 없다.

다니엘 목사의 집에 들어서자 저녁 식탁이 차려져 있었다. 다니엘은 아직도 교구 사람들과 교회 마당에서 이야기하고 있었다. 에스더는 일을 도와주는 젊은 여자와 함께 부엌에 있었다.
"저녁 식사는 몇 분 후면 준비될 거예요."
"오늘 밤 교회에 계셨습니까?"
"네, 물론이에요."
그녀는 미리 식사 준비를 해두었음이 분명했다. 그녀는 틀림없이 유능한 가정 주부일 거라는 생각이 들었다.
10분쯤 지나자 그녀는 식탁 위에 김이 무럭무럭 나는 뜨거운 국수 접시를 갖다 놓았다. 그러고 나서 완숙한 계란과 토마토로 장식된 고기 쟁반을 가져왔다. 큰 유리 대접에는 과일 샐러드를 담아서 후식으로 식탁에 내놓았다.
"홍차를 좋아하세요, 커피를 좋아하세요?"
"홍차로 주세요. 아직도 긴장이 풀리지 않았거든요. 커피를 마시면 오늘 밤 잠이 오지 않을까봐 걱정되는군요."

우리는 마주 보고 앉았다. 식탁 끝 자리는 다니엘의 자리였다.

"설교하시느라 많이 피곤하시죠."

에스더가 예의바르게 말했다.

"설교하는 것은 그렇게 피곤하지 않은데, 끝난 뒤에 이야기하는 것이 더 힘들군요."

우리는 몇 분 동안 말없이 앉아 있었다.

"다니엘 목사님은 어디 있지요?"

"아직도 밖에서 사람들과 이야기하고 있어요."

"식사가 준비된 것을 모르나요?"

"아뇨, 알고 있어요."

다시 침묵이 흘렀다. 음식에서는 아직도 김이 나고 있었다.

"부를 수는 없나요?"

"소용없어요. 그이는 끝나기 전까지는 오지 않을 테니까요."

우리는 기다렸다.

"목사님의 설교는 참 좋았어요."

에스더는 화제를 바꾸기 위해서인지 이렇게 말했다.

"다니엘 목사님이 통역을 참 훌륭히 해주었어요. 마치 영적으로 완전히 하나 된 느낌이었습니다. 마치 한 사람이 이야기하는 것 같았으니까요. 다니엘 목사님이 통역하면서 제 설교를 한층 더 발전시켰다는 생각이 듭니다."

"그이도 잘해 주었군요."

우리는 다시 조용히 있었다. 그녀는 뜨거운 접시를 집어서 도로 부엌으로 가지고 갔다.

"저 때문에 거북해 하시는군요."

그녀가 돌아왔을 때 내가 말했다. 그녀는 눈물이 글썽거렸지만 잘 참고 있었다.

"저는 다니엘을 참 사랑하지만 그는 계획적인 사람이 아니에요. 힘든 일은 참을 수 있어요. 하지만 저는 하루하루를 계획하고 제 일을 질서 있게 하고 싶어요. 그런데 그는 충동적으로 행동하죠. 그는 훌륭한 목사예요. 사람들은 그를 무척 좋아하지요. 그러나 저는 사람들이 그를 이용할까봐 걱정스러워요."

"두 분의 은사는 달라요. 하지만 그 은사를 잘 사용해서 조화와 완성을 이룰 수 있습니다."

"그럴 수 있겠죠. 그러나 그 은사들을 어떻게 조화시켜야 할지 모르겠어요. 우리는 서로에게가 아닌 늘 다른 방향으로 공을 던지죠. 공은 땅에 떨어지고, 아무도 그걸 줍지 않아요."

다니엘은 여전히 오지 않았다. 나는 에스더가 초조감을 잘 이겨내는 데 감탄했다.

"제가 나가 보지요."

그녀는 어깨를 움츠리고는 미소를 지으려고 했지만 나를 말리지는 않았다.

다니엘은 목사관과 교회 사이에 있는 마당에 서서 사람들에게 둘러싸여 활발한 토론을 벌이고 있었다.

"다니엘 목사님, 사람들에게 할 말이 있는데 통역 좀 해주시겠어요?"

그는 미소로 승낙했다.

"신사 숙녀 여러분, 여러분과 이야기하고 있는 이분은 아주 피곤한 사람입니다. 배도 고픕니다. 집에서는 아내가 음식이 자꾸 식어서 눈물을 흘리며 앉아 있습니다. 게다가 손님을 초대했습니다. 그 손님도 아주 피곤하고 배가 고픕니다. 오늘 밤 교회에서 말씀을 전했거든요……."

마지막 말은 웃음소리와 사과의 말에 파묻혀 버렸다. 1분도 못 되어 사람들은 모두 떠났다.

"당신은 그렇게 할 수 있군요. 하지만 내가 그런 말을 했다면 받아들이지 않았을 거예요."

집으로 걸어가며 다니엘이 말했다.

"그렇게 하려고 시도해 보신 적은 있나요?"

우리는 집에 들어가 식탁에 앉았다. 에스더는 다시 부엌에서 뜨거운 접시를 내왔다. 다니엘이 감사기도를 드렸다. 그리고 나자 전화벨이 울렸다. 마치 벌에 쏘인 것처럼 다니엘이 벌떡 일어났다. 나도 일어났다. 나는 그의 어깨에 손을 얹고 그를 억지로 의자에 앉히면서 에스더에게 말했다.

"사모님이 받으세요. 전화 건 사람에게 남편은 저녁 식사 중이라고 말하세요. 나중에 다시 걸 수 있는지 아니면 대신 용건을 전해 주면 되는지 물어보세요."

그녀는 곧 돌아왔다.

"어떤 남자였어요. 단지 인사하고 싶었을 뿐이래요. 특별한 용건이 있는 건 아니라고 하더군요."

우리는 함께 식사를 시작했다.

"언제나 똑같아요. 식사를 하려고 앉자마자 전화벨이 울려요. 다니엘은 식사 때마다 네다섯 번은 일어나게 돼요."

에스더가 한마디했다.

"다니엘 목사님, 이런 식으로 계속하다가는 병이 나겠어요. 그리고 사모님, 목사님을 보호하는 것은 사모님의 의무예요."

"저이가 그렇게 하도록 해준다면 그렇게 하겠어요."

"다니엘 목사님, 당신은 교구의 보이가 아니에요. 목사예요."

다시 전화벨이 울렸다. 다니엘이 일어나지 않는 데는 온 힘과 의지력이 필요해 보였다. 에스더가 전화를 받으러 갔다. 그녀가 통화하는 동안 다니엘이 말했다.

"왜 우리가 목사님을 호텔에 모셨는지 이제 아시겠지요?"

"네, 알 만해요. 그러나 목사님은 해결점을 찾아야 해요. 이것은 목사님의 시간과 힘을 잘못 관리하는 거예요."

에스더가 돌아왔다.

"어떤 분의 어머니가 아프시답니다. 하지만 심각한 것은 아니래요. 내일 아침 내가 보러 가면 돼요. 주소를 적어 놓았어요."

"사모님, 사실 사모님도 전화를 받지 말아야 해요. 교구 사람들에게 일정한 시간에만 전화를 걸도록 훈련시켜야 합니다."

"전화뿐이 아니라 방문객들도 문제예요. 아무 때나 오거든요."

"다른 해결책은 없어요. 목사님에게 편리한 시간을 정해 그 시간을 문에 써 붙여 놓으세요."

"아프리카 사람들은 그걸 이해하려고 하지 않을 거예요. 아주 예의에 벗어나는 일이라고 생각할 겁니다. 전통에 어긋나는 것이거든요."

"이것 보세요, 목사님. 목사님은 독일의 한 지역을 맡는다 해도 틀림없이 똑같은 문제에 부딪힐 것입니다. 문제는 목사님이 관습에 순종하는가 아니면 소명에 순종하는가 하는 것입니다. 등대지기 이야기를 알 겁니다. 등대를 계속 켜 두고 밤낮으로 기름을 넣는 것이 그의 책임이었습니다. 그런데 하루는 가까운 마을 사람들이 등을 켜려고 하니 기름을 조금만 달라고 했습니다. 그는 너무 착했기 때문에 '안 돼요.'라고 말하지 못했습니다. 그래서 기름을 조금씩 조금씩 주어 버렸습니다. 어느 날 기름은 하나도 남지 않았고 그만 등대 불이 꺼졌습니다. 배는 암초에 부딪혀 가라앉았습니다. 등대지기의 착한 성품이 많은 사람들을 죽게 만든 것입니다."

"맞아요. 저는 정말 '안 돼요.'라고 말하지 못하겠어요."

"목사님의 목회뿐만이 아니라 결혼 생활도 위기에요."

"우리는 새 출발을 해야 해요. 우리가 작업해야 할 곳은 삼각형의 오른쪽 서로 나누는 각이에요."

에스더가 말했다.

"만일 우리가 매일 아침 15분 동안만 방해받지 않고 함께 있을 수 있다면 얼마나 좋을까요? 그러나 우리는 아무 계획 없이 하루를 시작해 그저 무슨 일이 일어나는지 기다릴 뿐이에요. 저는 남편이 무엇을 하려고 하는지 결코 알지 못하고, 남편도 제가 하는 일을 모르죠. 식사 시간도 일정치 않아요. 그건 아이들에게도 힘든 문제에요."

대문을 두드리는 소리가 들렸다. 둘 다 어떻게 해야 하냐는 듯이 나를 쳐다보았다.

"부엌에 있는 여자는 무얼 하나요?"

내가 물었다.

"우리 식사가 끝나면 설거지를 하려고 기다리고 있어요."

다시 노크 소리가 들렸다.

"그 여자더러 나가서 찾아온 사람들에게 내일 와 달라고 말하게 하세요."

"그러나 아직 9시도 안 되었을 텐데요."

다니엘이 참견했다.

몇 분 후에 여자가 돌아왔다.

"뭐라고 하던가요?"

"그렇게 하겠대요."

다니엘이 고개를 저으면서 말했다.

"결국엔 우리 나라 사람들은 이것을 이해하지 못할 거예요."

"목사님이 사람들에게 자극을 주지 않는다면 당연히 이해하지 못할 거예요. 사모님이 요구한 아침의 15분은 하루의 지침과 같아요. 목사님이 결혼 생활에서 보여 주는 간증이 결혼에 대한 일백 번의 강의보다 훨씬 중요합니다!"

"우리는 우리가 결혼했다는 사실을 몇 번이고 우리 자신에게 상기시켜야 한다고 목사님에게 말했지요. 만일 결혼이 사랑의 감정뿐이라면 우리 결혼 생활은 벌써 오래 전에 깨졌을 거예요."

에스더가 불쑥 끼어 들었다.

"우리가 이렇게 서로 사랑하고 있는데도 이러한 일이 일어나고 있어요. 저는 남편을 굉장히 사랑하고, 남편도 저를 사랑하고 있다는 것을 알고 있어요."

"그런 일은 두 분이 서로 사랑하고 있는데도 불구하고 일어나는 것이 아니라, 두 분이 결혼했다는 것을 자신에게 상기시켜야만 된다는 사실 때문에 일어나고 있는 겁니다."

"결혼이 사랑을 유지해 준다는 개념이 미국이나 유럽에서는 일반적으로 받아들여지고 있나요?"

나는 아프리카인들이 이런 질문을 할 때마다 조금 두렵다. 하지만 솔직하게 말했다.

"전혀 그렇지 않아요. 오늘날 미국이나 유럽에서 결혼의 삼각형은 다 찢어져 버렸습니다. 결혼과 사랑이 찢어졌어요. 사랑과 성도 찢어졌어요. 성과 결혼도 마찬가지입니다."

"그 사람들은 어떻게 결혼과 사랑을 분리시키나요?"

"'사랑'이 모든 것을 정당화시킨다는 이론입니다. 결혼을 하건 하지 않건, 원하는 어느 곳에서나 원하는 어느 때나 원하는 누구하고나 상대방을 '사랑'하기만 한다면 성 관계를 가질 수 있다는 것입니다."

"그 생각이 왜 잘못입니까?"

"그것은 비현실적이에요. 그들은 세상을 있는 그대로 보지 않아요. 제한 없는 자유는 없어요. 숲이나 초원에 난 불이 파괴적인 것처럼, '자유 연애'는 비인간적이고 마귀적인 것입니다. 러시아는 한때 국가적으로 자유 연애를 시도했지만, 실험은 실패로 끝났습니다. 난로가 불을 위해 있는 것처럼, 결혼은 사랑을 위해 존재하는 것입니다."

"그것을 어떻게 이곳 사람들에게 설명할 수 있을까요?"

"단 한 가지 방법이 있어요. 바로 하나님의 사랑을 통해 설명하는 겁니다. 하나님 자신이 사랑이시지만, 하나님께서는 그분의 자유와 능력을 포기하셨습니다. 스스로를 낮추셔서 억압과 제한을 받아들이셨습니다. 하나님께서 인간이 되신 것입니다. 사랑이 육신이 되었습니다."

"그러나 그것은 하나님께서 인간이 되셨다는 것을 믿는 사람만이 결혼 문제를 도와줄 수 있다는 말이 되겠군요."

"깊은 의미에서는 그래요. 그런 사람만이 사랑하는 사람 속에 하나님이 숨겨져 있음을 알기 때문이에요. 만일 배우자 안에서 하나님을 만나지 못한다면 배우자를 잘못 선택한 것입니다."

다니엘은 잠시 생각에 잠겼다.

"그러면 서양 사람들은 어떻게 사랑과 성을 분리시킵니까?"

"물론 여러 가지 의견이 많아요. 어떤 사람들은 사랑 없는 성 관계를 정당화시킵니다. 이들은 사랑을 잡담처럼 우습게 여깁니다. 그리고 '성은 즐거움을 위해 있는 것이지 사랑을 위해 있는 것이 아니다. 성을 사랑과 결부시켜 생각하면 압박감이 생긴다. 성은 순간의 행복을 위한 것이다. 성은 의무감과 후회 없이 행해져야만 쾌락이 된다.'고 말하죠. 그러나 저는 서양 사람으로서 이곳 사람들에게 이야기하러 온 것이 아닙니다. 하나님의 성육신을 믿는 사람으로서 온 것입니다."

"저도 압니다. 그렇지 않다면 목사님을 초대하지도 않았을 거예요."

다니엘이 다정하게 말했다.

"그러나 목사님은 이런 메시지가 아프리카에서보다 미국이나 유럽에서 오히려 인기가 없다고 말씀하시는 겁니까?"

"바로 그렇습니다. 어떤 문화권에서든 활력적인 삼각형에 대한 메시지를 선포하는 사람은 누구나 광야에서 외치는 외로운 소리랍니다. 이 말씀("남자가 부모를 떠나 그 아내와 연합하여 둘이 한 몸을 이룰지로다")을 공식화시킨 사람도 역시 외로운 사람이었을 것입니다. 구약에서는 아무도 이 말씀을 인용하지 않았다는 사실이 문득 떠오르는군요. 예수님이 인용하실 때까지는요."

"하지만 구약에 나타난 것도 일종의 밭의 개념이 아닌가요? 남성의 지배가 있고, 남자의 권리로 이혼이 가능하고, 일부 다처제가 있고, 다산이 강조되지 않습니까?"

에스더가 물었다.

"그것은 하나의 과정이라고 생각해요. 이 구절이 주는 메시지는 이스라엘 문화에 침투되었던 하나의 과정이 시작된 것이라고 봅니다. 구약에는 또한 '밭의 개념'을 초월하는 경향이 있습니다. 예수님이 신약에서 이 구절을 인용하실 때는 분명히 이혼을 반대하고 일부 일처제를 옹호하면서 말씀하신 것입니다."

전화벨이 다시 울렸다. 다니엘이 아랍 족장 같은 몸짓을 하며 아내에게 손을 흔들었다.

"내 밭이 나를 위해 봉사를 좀 해야겠군요."

다니엘의 농담에 에스더가 순종하는 태도로 일어나 전화가 있는 사무실로 갔다. 그녀는 웃으면서 돌아오더니 나에게 말했다.

"이번에는 목사님에게 온 전화예요."

나는 나도 모르게 다니엘이 아까 했던 것처럼 벌떡 일어났다. 내가 나 자신의 충고와 어긋나는 행동을 했다는 것을 깨닫고 좀 당황해서 서 있는 동안 다니엘이 큰소리로 웃었다. 그러고 나서 인자하게 말했다.

"괜찮아요. 첫째, 후식이 반쯤 남은 것 외에는 목사님은 식사를 끝마쳤어요. 둘째, 목사님은 율법주의자가 아니라는 것을 보여 주셨으니까요."

나는 수화기를 들었다.

"화트마예요?"

"네."

"당신이 어제 전화를 걸었던 사람입니까?"

"네, 바로 저예요."

"그러면 적어도 나는 이제 당신의 이름은 알게 됐군요."

"그게 중요한가요?"

"당신을 위해 기도하기가 더 쉬워졌어요."

"저를 위해 기도하세요?"

"네."

"왜 그렇게 하시죠?"

"그것이 당신을 도울 수 있는 유일한 방법이니까요. 인간적으로 나는 어찌할 바를 모르겠어요. 게다가 당신이 나에게 한번 그렇게 부탁한 적이 있지요."

잠시 침묵이 이어졌다.

"오늘 밤에도 교회에 왔었나요?"

"네."

"또 허락을 받지 않고?"

"네."

"내가 강의에서 장막에 관한 당신의 생각을 인용한 것을 들었나요?"

"네, 들었어요. 그리고 목사님이 제게 주신 성경 말씀도 찾아보았어요. 그것은 저를 위한 말씀이 확실해요. '나의 장막은 훼파되고 나의 모든 줄은 끊어졌어요.' 목사님! 오늘 밤 목사님의 말씀을 들은 뒤에야 저는 그것이 모두 훼파되었다는 것을 알았어요. 목사님이 말씀하신 것은 모두 사실이에요."

"무슨 의미죠?"

"피임이 사랑에 위협이 된다는 것 말이에요."

"그래요. 나는 항상 당신이 그 문제를 어떻게 해결했는지 궁금했어요."

"해결하지 못하고 있어요. 바로 그 점이에요. 그는 해결했다고 생각하는지도 몰라요. 그러나 나는 아니에요. 처음에는 나에게 배란기를 잘 살펴서 날짜를 계산하라고 했어요. 그러나 소용없었어요. 저는 임신했죠. 그러자 그는 유산시키라고 했어요."

"그래서 그의 말대로 했나요?"

"네, 물론이에요. 그는 요즘 나에게 매일 아침 피임약을 먹여요. 그러나 먹은 지 3주 후부터 일주일 동안 출혈을 했어요. 그리고 아무런 성감을 느끼지 못해요. 특히 약을 먹은 후부터는 거의 감각이 없어요."

"피임약을 먹는 부인들이 그런 이야기를 많이 하더군요."

"피임이 나쁜 건가요, 목사님?"

그녀는 도대체 무슨 질문을 하고 있는 것인가!

"이봐요, 화트마. 그것은 장막이 부서졌는가 온전한가에 달려 있어요. 만일 장막이 온전하다면 남편과 아내는 서로 신뢰를 가지고 이야기할 수 있어요. 특별한 이유로 인해 아기를 갖지 않거나 혹은 다음 아기를 가질 때까지 기다리기로 결정할 수 있습니다. 그리고 나서 그 방법에 대해 합의를 봅니다. 그때 보통은 의학적으로 조언해 줄 수 있는 의사의 도움을 받을 것입니다. 그들은 서로 솔직하게 자신이 어떻게 느끼는가를 이야기할 수 있습니다. 혹시 그들이 계획했던 것보다 빨리 임신이 됐다 하더라도 그 문제가 불행이 되지는 않을 것입니다. 장막이 온전하기 때문에 그 안에 아기를 위한 보금자리도 마련되어 있습니다. 누구에게나 그렇듯이 아기에게도 보금자리가 필요합니다. 그러나 만약 장막이 훼파된다면, 기둥 하나가 없어져서 비가 새어 들어온다면 모든 것이 달라집니다."

"저도 그런 것을 너무나 잘 알고 있어요. 저는 또 임신할까봐 너무 두려워요. 그는 또 유산시키라고 강요할 테니까요. 목사님 말씀대로 한 모서리가 없으면 다른 두 개도 소용없어요. 성경이 말한 대로 '내 장막을 세울 자가 없어요.'"

"잘 들어요, 화트마. 전화로 불평을 계속하는 것은 아무 소용도 없어요. 사태를 변화시키고 싶다면 남편을 내게 데리고 와서 나와 이야기할 수 있도록 해야 돼요."

"그건 불가능해요!"

"어쨌든 노력해 봐요."

"남편이 혼자 가야 하나요, 아니면 우리가 함께 가야 하나요?"

"그가 원하는 대로 하세요."

"남편이 돌아온 것 같아요. 그만 끊어야겠어요. 안녕히 계세요, 목사님. 감사합니다."

식탁으로 돌아온 나는 다니엘과 에스더가 도와주기를 바라면서 화트마에 대한 이야기를 했다.

"그는 정말 그녀를 노예처럼 취급하는군요."

에스더가 말했다.

"우리는 그것을 직면해야 해요."

다니엘이 덧붙였다.

"남자가 완전히 지배하는 문제는 아프리카 문화에 깊이 뿌리 박혀 있어요."

"음, 사실 말하기 부끄럽지만 화트마는 아프리카 사람과 살고 있는 것이 아니에요. 유럽 사람이죠. 문제가 되는 것은 문화가 아니에요. 성경에서 거짓되다고 말하는 인간의 마음이에요."

다니엘과 에스더는 아무 말도 하지 않았다. 다른 사람들의 감정에 예민한 그들은 내가 당황해 하는 것 때문에 슬퍼진 것이다.

"다니엘 목사님, 만일 화트마가 그 남자와 헤어진다면 직업을 얻어 혼자 살 수 있을까요?"

"이 도시에서는 안 돼요. 불가능할 거예요. 아직도 대부분 밭의 개념을 가지고 살고 있거든요. 독신자가 설 자리가 없어요."

"그렇다면 그 남자는 그녀를 완전히 자기 손아귀에 쥐고 있는 셈이군요. 그녀의 부모는 그녀가 그와 함께 떠날 때 인연을 끊었대요. 이제 다른 남자는 그녀가 처녀가 아니기 때문에 결혼하려고 하지 않을 거예요. 그리고 혼자 사는 것은 불가능해요. 역시 그녀 말이 옳군요. 그녀의 장막을 칠 자는 없어요."

"하지만 어떤 일이 있어도 그녀는 그 사람과 헤어져야 해요. 어쩌면 친척이나 친구 집으로 갈 수 있을지도 몰라요. 그런데 만약 그녀가 그와 결혼했다면 어떻게 하실 겁니까? 사람들에게 이혼을 권장할 때도 있습니까?"

"의사가 환자에게 죽으라고 충고할까요? 아주 조그마한 희망만 있어도 환자의 생명을 위해 싸울 거예요. 마찬가지에요. 그 결혼 생활에 생명의 기미가 조금만 보여도 저는 그 결혼을 위해 싸울 겁니다. 그러나 단순히 '이 결혼은 죽었다.'고 인정할 수밖에 없는 결혼도 있습니다."

"사랑이 완전히 죽어 버린 결혼도 생각할 수 있어요. 육체적 결합은 오래 전에 끊어졌어요. 두 사람에게 남은 것이라고는 삼각형의 꼭대기 각뿐이에요. 그들은 여전히 한 집에 살고 있지만 각기 다른 방향으로 갑니다. 그러나 여전히 이혼하지 않고 살고 있어요. 이런 상태가 몇 년이고 계속됩니다. 내가 보기에 그런 결혼은 죽은 거예요. 그러나 예수님은 이렇게 말씀하셨어요. '그러므로 하나님이 짝지어 주신 것을 사람이 나누지 못할지니라.'"

"그러나 문제는 '처음에 그들을 짝지어 주신 분이 하나님이신가?' 하는 점이에요."

"목사님은 이혼한 사람과 아무 주저 없이 재혼할 수 있나요?"

"그렇지는 않겠지요. 많이 주저할 겁니다. 그러나 경우에 따라서는 할 수 있습니다. 어쨌든 저는 자신의 잘못을 인정하는 상대방과 재혼할 겁니다."

"이해할 수 없는데요."

"만일 결혼에 실패한 어떤 사람이 자기는 전혀 잘못이 없고 오로지 상대방에게만 백 퍼센트 잘못이 있다고 주장한다면 두 번째 결혼도 역시 실패할 겁니다."

"그러나 정말로 잘못이 없는 사람도 있어요. 술주정뱅이 남편의 경우를 봐요."

"네, 그러나 그 표면적인 무죄 밑에는 더 깊은 차원의 죄가 있어요. 이 깊은 차원에서 그 사람은 배우자 앞에 서는 것이 아니라 하나님 앞에 서게 됩니다. 이 깊은 차원의 죄는 흔히 그 결혼이 성립하게 된 방법과 관련이 있어요. 저는 누구든지 이 깊은 차원을 직면할 준비가 되기 전까지는 그 사람과 재혼하는 것을 주저할 거예요."

"화트마는 잘못이 없나요?"

"물론 그녀의 부모에게 큰 잘못이 있어요. 그 다음에 그 남자에게 잘못이 있지요. 그러나 하나님 앞에서는 그녀 역시 죄가 없지 않습니다."

"목사님은 그녀를 어떻게 도울 수 있다고 생각하세요?"

"저는 그녀가 이 사실을 깨닫기 전까지는 전혀 도울 수 없다고 생각해요."

나는 이 문제에 관해 다니엘하고만 이야기하고 있었다. 에스더는 찻잔을 들고 안락의자에 가서 앉아 있었다. 이야기를 하다 보니 그녀는 벌써 잠들어 있었다.

"나의 밭이 잠들었군요."

다니엘이 농담을 했다.

"사모님은 목사님의 밭이 아니에요. 목사님의 장막에서 같이 사는 동거인이죠. 원하신다면 장막의 짝이라고 해도 좋아요. 목사님도 수면이 필요해요. 저를 호텔로 데려다 주시겠어요?"

내가 카운터에서 방 열쇠를 꺼낼 때 사무원이 편지 한 통을 건네 주었다. 아내로부터 온 편지였다. 나는 방으로 올라가 의자에 앉아 편지를 읽었다.

당신이 정말 그립군요. 당신과 함께 모든 일을 이야기할 수 있다면 얼마나 좋을까요. 우린 1년 동안 계속 떨어져 지내는군요. 지난 1년 동안 당신과 함께 단 한 주일도 집에서 조용히 보내지 못한 것 같아요. 어떻게 해서든지 일을 마감하려고 애썼고, 여행을 떠나 보려고도 했지만, 우리는 정말 함께 생활하는 시간이 너무 적군요.
오후 무렵에 산꼭대기에 있는 어느 집 창문이 석양에 반사되어 금빛으로 빛나는 것을 보았어요. 정말 눈이 부시게 아름답더군요. 우리가 잠잠히 그리스도께서 우리 영혼의 창문을 통해 반사되도록 할 때 그와 같이 빛날 것이라고 생각했어요. 또 나의 온몸과 마음과 영혼이 당신과 완전히 하나가 될 때 그렇게 되리라고 생각했어요. 그때는 어떤 변화가 일어나겠죠. 나는 이런 기쁨을 맛보았기 때문에 더욱 갈망해요. 그것은 나에게 일상에서 요구되는 모든 것을 극복할 수 있는 힘을 줍니다.
당신의 지난번 여행과 이번 여행 사이에, 완전히 하나가 되는 그런 경험이 우리에게 허락되지 않았어요. 내 마음은 점점 무거워져서 견딜 수 없을 정도에요. 그래서 이번에 당신을 보내기가 그렇게 어려웠던 거예요.
그러니까 일할 때 내 마음과 영혼에서 떼어 버릴 수 없는 이러한 소망과 바람들이 모두 그 일 속에 있다는 것을 기억해 주세요. 그것은 당신뿐만 아니라 당신의 아내를 위해서도 좀더 보람 있는 시간을 만들기 위한 일종의 번제랍니다.

불평하는 게 아니에요. 단순히 사실 그대로를 나누는 거예요. 이러한 나눔은 좀더 가벼워진 마음으로 전진할 수 있게 해준답니다. 언제나 귀를 기울여 주어서 고마워요. 이제 다시 전진할 수 있어요. 당신과 만날 토요일을 기다리기가 너무 힘드네요.

내가 뭐라고 했던가?

완전한 결혼이란 없습니다. 결혼은 우리를 겸손하게 합니다. 겸손해질 수 있는 가장 확실한 방법은 결혼하는 것입니다.

아직 깊이 잠들어 있는데 벨 소리가 나를 깨웠다. 알람인 줄 알고 끄기 위해 침대에서 일어나려고 몸을 비틀다가 전화벨 소리라는 것을 알았다. 불을 켜 보니 새벽 2시였다. 야간 담당 직원이 잠을 깨워 미안하다고 했다.

"로비에 한 커플이 와 있습니다. 선생님을 꼭 만나야겠다고 해서요."

화트마와 그녀의 '남편'일지도 모른다고 생각하면서, 5분 후에 올려 보내라고 부탁했다. 내가 옷을 입자마자 두 사람이 올라왔다.

나는 아름다운 아프리카 여자들을 많이 보았지만 화트마 같은 여자는 처음이었다. 키가 크고 날씬한 그녀는 발목까지 닿는 아프리카 고전의상을 입고 있었다. 그녀는 우아하게 걸었지만 확실히 무척 조심스러웠다. 그녀는 모든 면에서 깨끗하고 깔끔했다. 아름다운 얼굴에 잘 어울리는 목걸이와 귀걸이와 팔찌를 하고 있어 더욱 돋보였다. 다만 그녀의 큰 갈색 눈에는 슬픔이 감돌고 있었다.

그녀와 함께 있는 금발의 남자는 군데군데 찢어지고 기름으로 얼룩진 작업복 바지를 입고 있었다. 티셔츠는 아무렇게나 쑤셔 넣어져 있었다. 면도도 하지 않았고 손톱도 더러웠다.

화트마는 동반자를 소개한 후에, 이런 시간에 찾아온 것을 계속해서 사과했다. 그들은 1시 30분까지 말다툼을 하다가 결국 그가 굴복해 함께 나를 만나러 오게 되었다고 했다.

"당장 오지 않으면 이 사람의 마음이 변할 것 같아서……."

"상관없어요, 화트마. 당신들이 와 주어서 참 기뻐요."

나는 그에게 직접 말을 걸었다.

"특히 당신이 함께 와 주어서 기뻐요. 이것은 화트마에 대한 당신의 관심을 보여 주는 것이라고 생각해요, 미스터……."

"존이라고 부르세요."

화트마가 말했다.

"진짜 이름은 아니지만, 영어로는 그렇게 부르죠."

존은 안락의자에 털썩 주저앉아 두 다리를 쭉 뻗고 팔짱을 꼈
다. 적대심을 품은 것 같았지만 나는 놀라지 않았다. 물론 그는
나를 두려워했고, 당연히 내가 화트마의 편일 거라고 생각하고
있었다. 나는 스스로 그녀의 편이라는 것을 인정할 수밖에 없었
으므로 어려운 상황이었다.

"굉장히 나를 두려워하시는군요."

아무런 반응이 없었다.

"아마도 화트마가 당신을 비난했으리라고 생각하실 거예요.
그러나 전혀 그렇지 않았어요."

역시 무반응이었다.

"화트마는 당신이 자기를 참 잘 돌봐 준다고 했어요. 당신에게
아주 감사했죠. 특히 학교에 보내 준 것에 대해 말이에요. 나는
또 당신이 화트마에게 참 좋은 옷을 해준다는 것을 알았어요."

그는 어깨를 들썩했다. 화트마가 말했다.

"당신은 내게 참 잘해 줘요, 존. 당신이 없다면 어떻게 해야 할
지 모를 거예요. 그래서 늘 감사하고, 굉장히 사랑해요. 그러나 우
리가 왜 결혼 하지 않는지는 이해할 수가 없어요."

"그 낡은 이야기를 또……."

그는 쳐다보지도 않고 한숨을 내쉬었다.

"무엇 때문에 그런 서류가 필요하지? 우리 나라에는 서류 없이
도 행복하게 사는 부부가 수백 명은 되는데, 오히려 그걸 가지고

도 불행한 부부들이 있어. 당신을 행복하게 만들어 주는 건 그런 종이 조각이 아니라고!"

"하지만 나는 친구들을 만나면 창피해 죽겠어요. 도대체 나는 결혼한 거예요, 아니면 결혼하지 않은 거예요?"

"친구들! 나는 당신 친구들에겐 관심 없어!"

"그러나 친구들은 나의 일부예요. 당신이 나를 사랑한다면 내 친구들도 함께 사랑해야 돼요. 나에게 중요한 건 서류가 아니라 결혼 잔치란 말이에요. 나는 정말 잔치를 열어서 삼사백 명을 초대하고 싶어요."

그는 깜짝 놀라면서 팔짱을 풀었다.

"삼백 명!"

그가 소리 질렀다.

"분명히 말해 두는데, 만약에 결혼한다 해도 아주 간소한 결혼식이 될 거요. 우리 두 사람하고 증인 몇 사람만 있으면 된다고!"

"하지만 그러면 우리 나라에서는 누구나 내가 당신을 창피하게 생각해서 그럴 거라고 생각할 거예요. 나는 사람들에게 당신을 자랑스러워한다는 것을 보여 주고 싶어요. 간소한 결혼식을 치르는 수모는 견딜 수 없다고요."

침묵이 흘렀다. 나는 조심스럽게 말을 꺼냈다.

"내가 보기에 당신은 한 발을 내딛었지만 아직 그 모든 결과에 대해 완전히 알지 못하는 것 같아요."

"내가 무슨 발을 내딛었죠?"

퉁명스러운 목소리였지만, 그가 적어도 나에게 말을 하기 시작했다는 것만으로도 기뻤다.

"화트마를 당신 집으로 데려온 것이죠. 이봐요, 만일 당신이 이 나라 여자를 아내로 혹은 아내가 될 사람으로 택했다면, 당신은 다른 모든 것과 분리된 그 사람 하나만을 선택한 것이 아니에요. 당신은 그녀의 교육, 취미, 기호, 습관 등 그녀의 문화와 배경을 모두 선택한 겁니다. 이 짧은 대화를 통해 나는 당신이 화트마 개인, 즉 화트마의 미모와 인격을 사랑하는지는 몰라도 그녀의 문화는 함께 사랑하지 않는다는 것을 알 수 있었어요."

"나는 그녀를 사랑해요."

그는 고집스럽고 방어적인 어투로 말했다.

"네, 알고 있어요. 그러나 진정한 사랑은 그녀와 함께 그녀의 배경과 문화도 사랑하는 것이에요. 성대한 결혼 잔치는 이 나라 문화 중의 하나예요. 당신이 이 나라에서 태어난 여자와 결혼하려면 이 사실을 받아들여야 해요. 그 이상으로, 당신은 자진해서 그것을 받아들일 뿐만 아니라 좋아해야만 돼요."

그는 다시 침묵을 지켰다. 이러한 생각들은 그에게 새로운 사실인 것 같았다.

"이봐요, 존. 결혼이란 정상적인 상황에서도 짐이고 책임이에요. 문화가 서로 다르다는 부가적인 부담은 흔히 작지만 중대한 결과를 가져오는 문제랍니다. 부부가 서로 다른 문화를 전적으로 받아들이지 않음으로써 결혼 생활이 파괴될 수도 있습니다. 이것은 어떤 음식을 좋아하거나 싫어하는 등의 사소한 일로 시작되지만, 결국은 인생관의 차이로 귀결될 수도 있어요."

"그러한 결혼은 모두 실패하나요?"

화트마가 물었다.

"그렇지는 않습니다. 그러나 그런 결혼이 성공한다면, 그것은 보통 두 사람이 가정을 꾸미려고 하는 나라에서 오랫동안 살았기 때문이죠. 불행하게도 그런 경우는 아주 드물어요. 만일 아프리카 남성이 유럽이나 미국에서 전에 한번도 아프리카에 가본 일이 없는 미국 여성이나 유럽 여성과 결혼한다면 그 결혼은 거의 언제나 실패로 끝나죠. 그녀는 호의와 진지한 갈망이 있음에도 불구하고 적응하지 못합니다."

"뱁새가 황새를 따라가는 격이군요."

존이 농담을 해놓고는 자기 농담에 웃음을 터트렸다. 나는 그가 이제 좀 긴장을 푼 것 같아서 기뻤다. 그래서 좀더 과감하게 말했다.

"당신들도 같은 잘못을 저지를 수 있어요."

"우리는 서로 사랑해요."

존이 우겨댔다. 그는 마치 누군가 자기 장난감을 빼앗아 갈까 봐 두려워하는 소년처럼 나를 쳐다보았다.

"네, 그래요. 그러나 결혼이란 사랑 이상의 것이에요. 그것은 달빛이나 장미꽃만이 아니라 설거지와 기저귀도 포함되지요."

"기저귀!"

존은 아주 싫다는 표정으로 코웃음을 쳤다.

"당신은 어린애를 싫어하세요?"

그는 머리를 흔들었다.

"화트마, 당신은 어때요?"

"저는 굉장히 좋아해요. 그래서 어린애를 많이 갖고 싶어요."

"당신들이 일치하지 않는 점이 또 하나 있군요. 이것은 좀더 중요한 문제예요. 존, 앞으로 당신의 계획은 어떤가요? 이 나라에서 계속 머무를 것인가요?"

"저는 정부 일을 돕고 있는데, 제 계약은 1년 안에 끝납니다."

"그러고 나면요?"

"모르겠어요. 남아메리카나 일본 같은 곳으로 갈지도 몰라요."

화트마가 숨을 들이마셨다.

"물론 화트마를 데리고 가겠죠?"

"왜 그렇게 생각하시죠?"

"당신은 신고서 없이도 행복한 남편 중 한 사람이라고 자처하고 있으니까요. 정말 행복한 사람이라면 자기의 행복을 포기하고 싶지 않을 거예요."

그는 어깨를 으쓱했다. 그러자 화트마가 갑자기 끼어들었다.

"당신은 계약이 끝난다는 얘기는 하지 않았잖아요. 나는 언제나 당신이 우리 나라에서 평생 살고 싶어한다고 생각했어요."

존이 갑자기 일어났다.

"이제 가야겠어요. 점점 시간이 늦어지니, 아니 일러지는군요."

"한마디만 들어보세요."

나는 그의 손을 잡고 두 눈을 똑바로 보면서 말했다.

"제발, 존. 화트마를 위해 결심하세요. 당신이 그녀를 데려가고 싶다면, 그녀가 결정할 수 있도록 그렇게 말을 해주세요. 만일 그렇지 않고 계약이 끝난 후에 헤어질 계획이라면, 그녀가 당신과 더 살고 싶은지 결정을 내릴 수 있도록 이야기해 주어야 해요. 나는 당신에게 명령하는 것이 아니라 부탁하는 거예요. 제발 숨바꼭질은 그만두고 마음을 정하세요."

"대단히 감사합니다."

그는 냉정하게 말했다.

"갈 길이 먼가요?"

나는 긴장을 좀 풀어 보려고 말했다.

"아뇨, 바로 강 건너예요."

그리고 나서 그는 방을 떠났다. 화트마는 나를 쳐다보지도 않고 따라나갔다. 나는 다시 침대로 돌아갔지만 잠을 이룰 수가 없었다. 생각이 정리되지 않았다. 화트마와 존, 미리암과 디모데, 모리스와 어머니, 다니엘과 에스더 그리고 나의 아내.

나는 일어나 이른 아침 식사를 방으로 주문했다. 그리고 나서 아내의 편지를 다시 읽었다. 좀더 격려해 주는 편지를 쓸 수는 없었을까?

"당신이 정말 그립군요. 당신과 함께 모든 일을 이야기할 수 있다면 얼마나 좋을까요……."

우리는 항상 그렇게 하지 않았던가? 어쨌든 이번에 우리가 헤어져 있는 기간은 길지 않다. 그것이 그렇게 힘들단 말인가?

나는 다시 읽어 보려고 했지만 생각은 이미 아내에게로 돌아갔다. 왜 아내는 이런 편지를 썼을까? 아내는 나에게 위로받기를 원한다는 생각이 들었다. 그러면 나는 왜 이렇게 실망하는가? 나는 그녀가 나와 내 일에 대해, 내가 해결할 수 없는 이 모든 문제들, 내가 도울 수 없는 이 모든 사람들에 대해 이해하지 못한다는 느낌이 들었다. 내가 이해받지 못한다고 느끼기 때문에 나는 그녀를 위로할 수 없다. 그리고 그녀는 위로를 받지 못하기 때문에 나를 이해할 수 없다. 이것은 악순환인가?

"언제나 귀를 기울여 주어서 고마워요……."

내가 그랬던가? 내가 정말 그랬던가? 적어도 아내가 이야기하고 있을 때는 그랬다. 그녀는 화트마와 존, 디모데와 미리암, 다니엘과 에스더가 하지 못했던 일을 하지 않았던가? 그렇다. 그 생각이 도움이 되었다. 우리는 여전히 우리의 장막 안에서 이야기하고 있었다. 비록 그 장막이 기울어져 있을지라도.

나는 성경을 펴서 시편 27편 말씀을 읽었다. 아니 들이마셨다. 한마디 한마디를, 마치 신선하고 시원한 물을 마시듯이.

군대가 나를 대적하여 진칠지라도 내 마음이 두렵지 아니하며……
여호와께서……그 장막 은밀한 곳에 나를 숨기시며

전에는 이 말씀에 이처럼 감동된 적이 없었다. 이 말씀이 특별한 의미로 다가온 적도 없었다. 그런데 갑자기 이 말씀이 우레 소리처럼 울려왔다. 나는 하나님의 장막을 생각했다. 결혼은 우리의 장막이 아니라 하나님의 장막인 것이다. 우리는 하나님의 장막 안에 있다. 하나님의 장막은 기울어지지 않는다!

아침 식사가 끝나자 전화벨이 울렸다. 또 화트마였다.
"어디서 전화를 거는 거죠?"
"집에서요."
"왜 학교에 가지 않았어요?"
"그 사람이 오늘 아침에는 잠을 자래요. 그는 전보다 훨씬 더 많이 나를 생각해 주었어요."
"그가 또 문을 잠가 버렸나요?"
"네. 그는 질투심이 아주 강해요. 질투도 역시 사랑의 표시가 아닌가요?"

"일종의 사랑이지요. 아주 소유욕이 강하고 원숙하지 못한 사랑이요. 원숙한 사랑은 신뢰하고 상대에게 자유를 허용합니다."

"목사님은 그가 나를 신뢰하지 않는다고 생각하세요?"

"당신은 어떻게 생각하세요?"

그녀는 대답을 회피하고 화제를 바꾸었다.

"제가 전화를 건 이유는 목사님이 그를 어떻게 생각하는지 알고 싶어서예요."

"하도 단정치 못한 모습이어서 손이나 씻었는지 의심이 갈 정도였어요. 때때로 그의 외모가 괴롭지 않나요?"

"그럴 때도 있지만, 저는 사랑이 그런 것은 초월할 수 있어야 한다고 생각해요. 저는 그를 사랑하고 그도 저를 사랑하는 걸요."

그녀는 지푸라기에 매달려 있다는 생각이 들었다. 오늘 새벽의 대화가 그녀의 눈을 뜨게 하지 않았던가?

"그래요, 화트마. 그러나 당신들은 '나는 당신을 사랑합니다.'라고 말할 때 서로 다른 것을 생각하고 있어요. 당신은 결혼을 생각하고 있는 반면에 그는 섹스를 생각하고 있어요. 그게 차이점이에요. 당신들은 장막을 치고 있는 것이 아니에요. 막대기 하나를 땅에 세워 놓고 서로의 사랑을 가졌다고 생각하고 있어요. 그러나 그렇게 되면 그는 오른쪽 막대기를 꽂고 있고 당신은 왼쪽 막대기를 꽂고 있는 거예요. 그것으로는 절대 장막이 세워지지 않습니다."

"목사님은 그 사람의 계획에 대해 어떻게 생각하세요?"

"그는 마음을 결정하려고 들지 않아요. 때문에 당신이 처한 상황이 더 어렵게 되었어요."

"목사님은 그가 계약이 끝난 후에 저와 헤어질 거라고 생각하세요?"

그녀는 그의 말을 알아듣지 못한 것이 분명했다. 믿을 수가 없다! 내가 그녀를 위해 할 수 있는 최소한의 일은 그녀가 볼 수 있도록 불을 켜 두는 일이라는 생각이 들었다.

"그에게 억지로 당신과 결혼하도록 강요할 것도, 당신과 헤어지지 못하도록 방해할 것도 없어요."

침묵이 흘렀다.

"그리고 솔직히 말하면, 나는 그가 당신과 헤어졌으면 해요. 당신은 그와 함께 살면서 행복해지지 않을 테니까요."

이런 말들이 칼처럼 그녀를 도려내고 있다는 것이 느껴졌다.

"그러나 만일 그가 저를 떠난다면……아무것도 없어요. 지옥이 있을 뿐이에요. 저는 어디로 가야 하나요?"

하나님의 장막 안으로 가야 한다고 나는 생각했다. 내가 그녀를 그 안으로 인도할 수만 있다면, 도려낸 후에 그녀를 치료할 수만 있다면…….

그녀는 이제 울고 있다는 것을 숨기지 않았다. 그녀의 목소리는 흐느낌 속으로 가라앉아 버렸다.

"안녕히 계세요, 목사님."

"화트마, 시편 27편을 읽으세요. 당신을 위한 메시지가 있어요."

그 말을 그녀가 들었는지는 확실히 알 수 없었다.

그날 오후 늦게 미리암과 디모데가 찾아왔다. 거의 5시 30분이 다 되었을 때였다. 디모데가 더 빨리 올 수 없었다고 했다.

"자, 그러면 바로 요점으로 들어가야겠군요. 모리스가 곧 데리러 올 테니까요. 당신들의 관계에 대해 가장 염려되는 것은 당신들이 함께 이야기할 수 없다는 사실이에요. 미리암, 디모데는 당신이 몇 살인지도, 얼마나 교육을 받는지도, 수입이 얼마나 되는지도 몰라요. 내가 디모데보다 당신에 대해 더 많이 알고 있는 셈이에요. 그것을 어떻게 설명하겠어요?"

"우리는 여기 오기 전에 잠깐 이야기를 나누었어요. 우리도 그 점부터 말하고 싶었어요."

미리암이 그렇게 대답했다는 것은 흥미있는 일이었다.

"우리는 섹스의 문을 통해 삼각형에 들어갔어요."

잠깐 침묵이 흘렀다. 그녀가 그 말을 하는 데는 상당한 용기가 필요했으리라. 그녀가 솔직한 것이 마음에 들었다.

"전에 목사님께 우리 나라에서는 약혼하지 않으면 만날 수 없다고 말씀드렸지요. 약혼한 지 4주쯤 되어서 우리는 아주 친밀해졌어요."

"함께 이야기할 수 없는 것과 그것이 무슨 상관이 있습니까?"

"아주 많은 관계가 있어요. 그것은 곧 우리의 데이트에서 가장 중요한 일, 중요한 이유가 되었거든요. 만나면 언제나 육체적 결합으로 끝나요. 우리는 단지 그 한 가지만 생각했어요. 그 외의 것은 모두 부차적인 것이 되었지요."

"그래요. 그렇다면 이제 내가 좀더 잘 이해할 수 있도록 한 가지를 설명해 주어야겠어요. 당신들 나라에서는 약혼하지 않고는 만날 수 없다고 했지요. 그러면 약혼 기간 동안 그렇게 친밀해지는 것도 이 나라의 문화에 속하나요?"

디모데가 다소 당황스러운 듯 미소를 띠며 말했다.

"저, 아시다시피 우리는 젊은 세대에 속합니다. 요즘 젊은이들은 좀더 현대적이지요. 우리는 진보를 좋아해요. 더 이상 낡은 관습에 매여 있고 싶진 않아요."

"그것이 바로 내가 듣고 싶었던 말이에요. 관습이 욕망과 일치하는 한, 당신들은 '아프리카 사람'이고 서로 알지도 못하면서 약혼하는 것을 주저하지 않습니다. 그러나 관습이 욕망과 맞지 않으면 갑자기 '현대적'이고 '진보적'이 되어 관습을 집어 던져 버립니다. 독일에서는 그것을 두께가 일정하지 않은 판자에 구멍을 뚫으려고 하는 사람과 같다고 말합니다. 그는 언제나 가장 얇은 데를 고르지요. 너무 심하게 말했나요?"

"제발, 심하게 말씀해 주세요."

5. 완전한 결혼은 없다 | 127

미리암이 말했다.

"저는 부모님들이 그렇게 심하게 말씀하셨으면 좋겠어요. 그러나 부모님들은 절대 그렇지 않아요. 단지 의심만 할 뿐이죠."

"좋아요, 그럼 좀더 심하게 말하겠어요. 먼저 당신들은 '우리 사회에서는 젊은 이성끼리 만날 수 없어요. 우리는 약혼하지 않고는 심지어 함께 이야기할 수도 없어요.' 라고 말했어요. 그런데 갑자기 당신들은 모든 사회의 제약에도 불구하고 잠자리를 같이 하는 것도 가능하게 되었어요. 왜 함께 이야기하는 것은 그렇게 어려운데 함께 자는 것은 그렇게 쉽죠?"

그들은 마룻바닥만 내려다보았다. 결국 미리암이 말했다.

"그것이 쉽지는 않아요. 우리가 찾을 수 있는 유일한 장소는 자동차 안이었어요."

디모데도 한마디 거들었다.

"그것이 유일한 장소였어요. 미리암의 가족은 아주 엄격하고, 우리 가족도 마찬가지예요."

"그러나 당신들은 그럼에도 불구하고 장소를 찾았어요. 당신들이 정말 원하기만 했다면 약혼하지 않고도 이야기할 수 있는 장소 역시 찾을 수 있었을 거예요."

디모데가 말했다.

"그러나 목사님, 저는 후회하지 않아요. 어제 목사님은 결혼하지 않은 상태에서의 섹스는 사랑을 파괴하며 사랑을 증오로 바꾼다고 말씀하셨는데, 그건 사실이 아니에요. 적어도 우리의 경우에는 그렇지 않아요. 그것은 우리의 사랑을 깊게 해주었어요. 그것은 정말 아름다웠어요."

나는 미리암을 보았다. 그녀는 디모데의 마음을 상하게 하지 않으려는 듯이 그의 손을 꼭 잡았다. 그러고 나서 이렇게 말했다.

"당신에게는 그랬을지 모르지만, 나에게는 그렇지 않았어요."

"그렇지 않았어요? 정확히 무엇이 그렇지 않았다는 건가요?"

디모데는 굉장히 놀란 것 같았다.

"모든 것이 다요. 장소, 성급함, 은밀함, 발각될까봐 두려운 것. 정확히 말해 차는 안식을 느낄 수 있는 장막이 아니에요."

디모데는 한숨을 깊이 내쉬었다. 그에게는 세상이 무너져 내리는 것 같았다. 미리암은 이야기를 계속했다.

"또한 조심했지만 나는 항상 임신이 될까봐 걱정스러웠어요. 그것은 아름답지 않아요."

"그래서 약을 먹으라고 했잖아요."

"결혼하지 않은 여자가 의사에게 가서 처방해 달라고 해요? 나는 그렇게 현대적인 여자는 못 돼요."

"나는 질외 사정을 제안했지만 당신이 좋아하지 않았잖아요."

"나는 당신에게 콘돔을 사라고 부탁했지만 당신은 약방에 가서 그것을 달라고 하기를 부끄러워했어요."

"그래요. 약방에서 일하는 사람들이 대개 여자들이기 때문이

5. 완전한 결혼은 없다

에요. 게다가 콘돔은 보통 창녀들과 관계할 때 사용하는데, 나는 당신을 창녀로 생각하지 않아요, 미리암."

"나는 당신을 비난하고 있는 것이 아니에요, 디모데."

미리암은 그의 손을 더욱 꼭 쥐면서 부드럽게 말했다.

"나는 단지 그것이 그렇게 아름답지 않았다는 것을 말하려는 것뿐이에요."

"그런데 왜 당신은 그런 이야기를 하지 않았어요?"

"나는 당신에게 그것이 필요하고, 그렇지 않으면 실망해서 내 사랑을 의심하기 시작할 거라고 생각했어요."

디모데는 다시 한숨을 쉬었다. 두 사람은 잠시 잠자코 있었다.

나는 일부러 그들을 그냥 두었다. 두 사람이 솔직하게 이야기하기 시작하면서 서로의 느낌을 정직하게 나누는 것이 기뻤다.

"이제 가서 단 둘이서만 이야기를 계속하지 않겠어요? 나는 당신들이 스스로 결론에 도달해야 한다고 믿어요. 그러나 이렇게 다소 좌절을 느끼게 하는 경험들은 당신들의 사랑에 대한 불확실한 감정과 관련이 있을 수도 있어요."

"우리가 서로 사랑하는지 어떻게 알 수 있을까요?"

그들은 한목소리로 물었다. 그때 모리스가 왔다는 연락이 왔다.

"오늘 저녁 강의에서 그 질문에 대답하지요."

디모데와 미리암이 나가자마자 모리스가 방으로 들어왔다. 다시 한번 그의 외모가 유난히 눈을 끌었다. 그는 말하는 태도와 똑같이, 즉 단호하면서도 그런 인상을 주려고 하지 않는 태도로 걸어 들어왔다. 나는 그와 이야기하면서 그의 지적인 면을 알 수 있었지만, 그는 결코 훌륭하게 보이려고 애쓰지 않았다. 그러나 그의 인격에도 모순점이 있었다. 그는 한편으로는 남자다운 태도를 보였으나, 다른 한편으로는 확실히 무기력한 태도를 보였다. 그가 자기를 표현하는 어른스러운 태도에는 소년 같은 미소가 곁들여 있었다.

"어머니는 어디 계신가요?"

"차 안에서 기다리고 계세요. 어머니에게는 제가 목사님께 한 가지 묻고 싶은 것이 있다고 말했어요. 목사님은 제가 '여자에게는 어떻게 접근하나요?'라고 질문했던 것을 기억하시나요?"

"모리스, 그게 그렇게 어려워요? 그냥 당신을 있는 그대로 나타내세요. 관심을 끌려고 애쓰지 마세요. 당신이 아닌 다른 사람처럼 가장하지 말고 그냥 당신이 그녀에게 관심이 있다는 것을 보이세요. 그녀에게 취미나 기호나 좋아하는 책이나 공부하는 학과나 가족에 대해 물어보세요. 공통의 관심사를 찾아서 그것에 대해 이야기하려고 해보세요."

"아주 쉬운 일처럼 말씀하시는군요."

"이봐요, 모리스. 당신은 서른네 살이에요. 여자를 사귀어 본 일이 한번도 없었나요?"

"아뇨, 있었어요. 그녀와 결혼하려고까지 했었어요."

"그런데 왜 하지 않았죠?"

"그녀를 병원에 보내 검사를 받게 했어요. 그랬더니 처녀가 아닌 것이 밝혀졌죠."

"그래서 그녀와 헤어졌나요?"

"네."

"그녀는 어떻게 되었죠?"

"모르겠어요. 목사님은 제가 잘못했다고 생각하세요?"

"모리스, 며칠 전에 당신은 나에게 '홍등가'를 보여 주었어요. 만일 당신과 사귀던 여자가 지금 그곳에 살고 있다면 어떻게 하겠어요? 당신은 어머니를 구해 내려고 노력한 바로 그 똑같은 운명 속으로 그녀를 밀어 넣었는지도 몰라요."

모리스는 아무 말도 못했다.

"나를 아주 화나게 하는 것은 그 이중적인 도덕 기준이에요. 여자들은 처녀로 있어야 하고, 남자들은 섹스를 해도 된다는 것이죠. 그건 너무나 비논리적이고 불공평해요."

"그러나 목사님은 결혼하기 전에 경험이 좀 있어야 한다고 생각지 않으세요? 전혀 경험이 없는 상태에서 결혼 생활을 시작할 수는 없잖아요."

"모든 사람들이 경험해 보지 못하고 결혼 생활에 들어갑니다. 모리스, 사람은 각기 다르고, 부부는 두 배로 다릅니다. 따라서 결혼 전의 경험은 결혼 생활에 도움이 되기보다는 오히려 부담이 됩니다. 두 가지 선택밖에 없어요. 경험하지 않고 결혼에 들어가든지, 아니면 잘못된 경험을 하고 결혼에 들어가는 거죠. 그리고 미안하지만 이제 떠나야 할 시간이에요."

층계를 내려가는 동안 모리스가 물었다.

"목사님은 결혼 전에 시험을 해봄으로 잘못된 경험을 갖게 된다는 사실을 젊은이들에게 확신시켜 주기가 왜 그렇게 어렵다고 생각하세요?"

"올바른 경험을 한 뒤에야 그것을 알 수 있기 때문이지요."

"그러니까 목사님은 그것이 강한 성욕 때문이라고 생각지는 않으시는군요?"

"나는 근본적으로 그것이 전혀 성적인 문제가 아니라고 생각해요. 그들에게는 정말 신뢰할 사람이 필요합니다. 그들이 아직 경험할 수 없더라도 그가 진실을 말하고 있다고 믿을 만큼 말입니다. 그들은 실험을 통해 증명할 수 없는 진리를 받아들일 수 있어야 해요. 그 정도의 확신에 이를 때에만, 그들은 속임 당하는 것이 아니라 가치 있는 목표를 향해 가도록 도움 받고 있다는 것을 확신할 수 있을 겁니다."

어느덧 자동차 있는 곳까지 왔다. 모리스의 어머니는 굉장히 다정하고 예의바르게 인사를 했다.

"어머니에게 결혼의 삼각형에 대해 어떻게 생각하느냐고 물어 봐 주세요."

교회를 향해 가면서 운전하고 있는 모리스에게 부탁했다.

모리스의 어머니 '실라'는 길게 이야기했다. 그는 어머니가 이야기하는 동안 미소를 짓고 있더니, 나에게 요약해 주었다.

"어머니는 결혼을 삼각형이 아니라 다리가 세 개 달린 의자로 생각하고 계세요. 그 의자는 다리가 세 개 있는 한, 다리들의 길이가 다르거나 바닥이 고르지 않더라도 잘 쓰러지지 않아요. 그러나 다리 하나를 떼어 버린다면 바닥으로 쓰러질 거예요."

"훌륭한 어머니를 두셨군요, 모리스. 어머니에게 내가 어머니의 비유를 굉장히 좋아한다고 말씀드리고, 일부다처제도 다리가 세 개 달린 의자로 생각할 수 있느냐고 물어봐 주세요."

그는 어머니의 대답을 다음과 같이 통역해 주었다.

"일부다처의 결혼은 언제나 쓰러진다고 말씀하시네요. 어머니는 절대 결혼한 남자의 두 번째 부인은 되지 않으실 거래요. 차라리 죽겠다는군요."

CHAPTER 6

성경적 답변

교회에 가까워졌을 때, 교회 쪽에서 사람들이 오고 있는 것이 보였다.

"교회가 꽉 찼나 봐요. 벌써 자리가 없어서 도로 나오고 있는 거예요."

모리스의 짐작이 들어맞았다. 좌석뿐만 아니라 통로에까지 사람들이 빽빽이 서 있었다. 지나가기도 어려울 정도였다. 의자가 강단 주위에까지 놓여 있었다. 좀 나이가 들고 아주 위엄 있어 보이는 남자들이 거기 앉아 있었다.

다시 내 마음은 두려움에 사로잡혔다. 나는 이제 몇 가지 문제를 알고 있을 뿐 전부 다 아는 것은 아니었다. 내 말이 그들의 생활에 얼마나 영향을 미칠지, 내 말이 그들 속에 얼마나 깊이 파고 들지, 희망을 줄지 절망을 줄지 판단하기란 불가능했다. 그것은 중차대한 책임이었다.

나이 많은 한 사람이 기도를 인도했다. 그것이 위로가 되었다. 나이 많은 사람들이 기분이 상했다면 기도를 인도하지 않았을 것이기 때문이다.

다니엘이 강단으로 와서 내 옆에 서자 힘을 얻는 것 같았다. 내가 전하려 하는 것은 나의 메시지가 아니라 하나님의 메시지라는 사실을 상기하자 마음이 가라앉았다.

내가 제일 먼저 찾아본 사람은 화트마였다. 그녀는 여자석 뒷줄에 앉아 있었다. 빛나고 갈급한 눈을 가진 그녀의 얼굴은 눈에 확 띄었다.

"저에게 그녀를 위한 말씀을 주소서."

나는 조용히 기도했다. 지난 이틀 동안 교회에 오지 않았던 새로운 사람들도 보였다. 그래서 나는 전에 이야기했던 것을 간단하게 요약하기로 했다.

"결혼에는 반드시 필요한 세 가지가 있습니다. 부모를 떠나는 것, 서로 연합하는 것, 한 몸을 이루는 것입니다. 바꾸어 말하면, 결혼의 법적인 면, 개인적인 면, 육체적인 면이라고 하겠습니다. 이 세 가지는 서로 분리될 수 없습니다. 만일 그것들을 분리시킨다면 전체가 다 무너져 버립니다.

여러분 가운데 한 분이 저에게 결혼은 마치 다리가 세 개 달린 의자와 같다고 했습니다. 만일 다리 하나가 없다면 그 의자는 당신이 앉을 때 당신을 받쳐 주지 않을 것입니다."

사람들의 표정이 밝아졌다. 그것은 좋은 비유였다.

"우리는 다음과 같은 문제에 대해 이야기를 나누었습니다.

'먼저 법적인 면으로 결혼에 접근해야 하는가, 개인적인 면으로 접근해야 하는가, 육체적인 면으로 접근해야 하는가? 무엇이 가장 좋은 방법인가?'

우리는 이 질문에 대한 두 가지 답변에 대해 이야기했습니다. 전통적 답변은 혼인을 통한 법적인 면으로 시작된다는 것이었습니다. 여기에는 개인적인 면, 즉 사랑이 전혀 개입되지 않을 큰 위험성이 있습니다. 그래서 오늘날 많은 젊은이들이 전통적 답변에 반발하는 것입니다. 그들은 바로 개인적인 면의 아름다움을 발견하는 도상에 있기 때문입니다.

현대적 답변은 섹스를 통한 육체적인 면으로 시작한다는 것입니다. 그렇게 되면 법적인 면이 무시되어 결코 혼인이 성립되지 않게 될 위험성이 있습니다. 그래서 나이 많으신 분들이 현대적 답변에 반발하는 것입니다. 가정 생활이 전적으로 타락하게 될까봐 두려워하기 때문입니다.

오늘은 성경적 답변을 살펴볼 것입니다. 답변을 찾기 위해 주제 성구인 창세기 2:24의 첫 단어를 상고해 보겠습니다."

이러므로

이러므로 남자가 부모를 떠나 그 아내와 연합하여 둘이 한 몸을 이룰지로다 창 2:24

" '이러므로'라는 말을 이해하기 위해서는 앞에 나오는 내용을 살펴보아야 합니다. 그 말씀은 잘 알려지고 흔히 웃음거리가 되기도 하는 이야기입니다. 그 이야기는 하나님께서 남자에게 '돕는 배필', '그에게 맞는 조력자', 그를 완전케 하고 그와 동등한 상대를 만들어 주실 때 그에게 보여 주기 원하셨던 그분의 한없는 인자하심에 대해 말해 줍니다."

여호와 하나님이 아담을 깊이 잠들게 하시니 잠들매 그가 그 갈빗대 하나를 취하고 살로 대신 채우시고 여호와 하나님이 아담에게서 취하신 그 갈빗대로 여자를 만드시고 그를 아담에게로 이끌어 오시니 창 2:21-22

"이는 진실한 사랑에 대한 가장 아름답고 독특한 묘사입니다. 왜 이성은 서로 끊임없이 그리워할까요? 두 이성이 서로 끌리는 것을 어떻게 설명할 수 있을까요? 대답은 이렇습니다. 두 사람이 같은 조각에서 만들어졌기 때문입니다. 마치 지난번에 보여드린 라이베리아의 조각과 같이 말입니다. 두 사람은 전체의 부분이며, 이 전체를 다시 회복하기 원하고, 서로 완성시키기 원하며, '한 몸'을 이루고 싶어합니다. 두 사람을 서로에게 이끌리게 하는 힘은 사랑의 힘입니다. 이러므로, 진실로, 사랑으로 인해, 둘은 그들의 부모를 떠나, 서로 연합하여, 한 몸을 이룰 것입니다."

사랑의 문

"우리가 스스로 어느 문을 통해 결혼의 삼각형에 들어갈 것인지 물을 때 성경은 연합의 각으로 들어가라고 답할 것입니다."

나는 나무로 만든 삼각형을 집어 들고 왼쪽 각을 가리켰다.

"결혼의 삼각형으로 들어가는 데 가장 좋은 문은 연합의 각입니다. 사랑은 결혼이나 성보다 먼저 있어야 합니다. 결혼이 사랑으로 인도하는 것이 아니라, 사랑이 결혼으로 인도하는 것입니다. 성 관계가 사랑을 창조하는 것이 아니라, 사랑이 여러 가지 중에서 육체적인 면도 추구하게 하는 것입니다. 사랑의 각으로 들어가는 것이 삼각형의 상호 작용을 발전시키고 드러내는 데 가장 장래성이 있습니다. 따라서 하나님의 뜻에 부합됩니다.

하나님께서 우리가 사랑의 문을 통해 결혼에 들어가기 원하시는 또 하나의 이유가 있습니다. 혼인의 공적이고 법적인 행위나 성 관계는 돌이킬 수 없는 사태를 야기시키지만 사랑은 그렇지 않습니다.

약혼한 커플이 어느 날 너무 성급하게 결정했고, 아직 때가 되지 않았으며, 약혼이 잘못된 것이라고 느낄 수 있습니다. 그러면 그들은 상대방에게 치명적인 상처를 남기지 않고도 파혼할 수 있습니다. 사랑 때문에 서로 헤어질 수 있는 것입니다."

이 이야기를 하면서 미리암과 디모데를 청중 가운데서 찾아보았다. 두 사람은 제일 뒷좌석에 나란히 앉아 있었다. 미리암은 남자 자리에 앉아 있는 단 한 사람의 여자였다. 결국 그들은 원하기만 한다면 전통을 무시할 수 있다는 생각이 들었다.

"다른 두 각이 포함되지 않는 한, 사랑의 각은 들어올 수도 있고 부득이한 경우에는 나갈 수도 있는 회전문과 같습니다.

혼인은 회전문과 같지 않습니다. 일단 닫히면 안에는 손잡이가 없는 문입니다. 물론 그 문을 억지로 열 수는 있습니다. 그러나 그것은 상당히 어렵습니다. 이혼이 파혼보다 훨씬 더 어렵고, 더 많은 결과를 낳으며, 후회스러운 것임을 우리는 잘 압니다.

섹스도 마찬가지입니다. 그것도 역시 돌이킬 수 없는 사태를 초래합니다. 성경적 사고방식에 따르면, 섹스를 나눈 두 사람은 그 후에 결코 같은 사람일 수 없습니다. 그들은 더 이상 그런 경험이 전혀 없었던 것처럼 서로를 대할 수 없습니다. 섹스는 함께한 두 사람을 서로에게 묶이게 만듭니다. 모든 것을 함축시키는 한 몸의 관계를 이루게 합니다. 성경에 의하면, 그 한 쌍이 진지하든 진지하지 않든, 결혼할 의향이 있든 없든 마찬가지입니다.

고린도전서 6:16에는 이렇게 쓰여져 있습니다.

'창기와 합하는 자는 저와 한 몸인 줄을 알지 못하느냐.'

섹스 후에 두 사람은 자신도 모르는 사이에 한 쌍이 됩니다.

로버트 그림은 이렇게 말합니다. '육체에는 지울 수 없는 도장이 찍혀 있습니다. 나는 나 자신을 나의 몸으로부터 분리시킬 수 없습니다.'"[1]

뒷자리에서 움직임이 있었다. 누군가가 나가려고 하는데 늦게 온 사람들이 문 앞에 꽉 차 있었기 때문에 적지 않은 소란이 일어난 것이었다. 나는 나간 사람이 누구인지 알아볼 수 있었다. 화트 마였다. 그때부터 나는 불안해졌다. 나는 아마도 늦게 시작했고, 존이 그녀를 데리러 오기 전에 미리 학교에 가 있어야 하기 때문일 거라고 생각했다. 그러나 어쩐지 이런 설명으로는 만족할 수 없었다. 무언가 잘못되었다는 느낌이 들었다. 그러나 당장은 어쩔 도리가 없었다. 나는 계속해야 했다.

"다시 한번 말씀드립니다. 여러분이 혹 다른 문으로 들어가서 성공할 수도 있지만 그것은 위태롭습니다. 만일 여러분이 물러나기를 원한다면, 상대방과 여러분 자신에게 상처가 남을 것입니다. 이것은 우리를 아주 실제적인 질문으로 인도합니다. 저는 이렇게 말하는 젊은이들을 많이 보았습니다.

---

1) Robert Grimm, *Love and Sexuality* (London : Hodder & Stoughton; U. S. edition, New York : Association Press), pp. 52, 56, 66.

'우리는 사랑의 문으로 들어가고 싶습니다. 그러나 우리의 사랑이 평생의 연합과 충실함으로 이끌 만큼 깊은지 어떻게 알 수 있나요? 우리의 사랑이 결혼서약을 할 만큼, 죽을 때까지 평생 함께 살기로 약속할 만큼 큰지 어떻게 확신할 수 있나요? 섹스가 사랑을 시험하는 것이 아니라면, 무엇으로 사랑을 시험해야 하나요?'

이제 여러분에게 대답해 드리겠습니다."

사랑에 대한 6가지 테스트 [2]

1. 함께 나누는 것

"진정한 사랑은 함께 나누고 싶어하고, 주고 싶어하고, 손을 내밀고 싶어합니다. 사랑은 자신을 생각하는 것이 아니라 상대방을 생각합니다. 여러분은 어떤 글을 읽을 때 얼마나 자주 상대방과 나누고 싶다고 생각합니까? 계획을 세울 때 자신이 하고 싶은 일을 생각합니까 아니면 상대방이 즐거워할 일을 생각합니까?

독일 작가 헤르만 외저는 이렇게 썼습니다. '행복해지기 원하는 사람은 결혼해서는 안 된다. 중요한 것은 다른 사람을 행복하게 만드는 일이기 때문이다. 이해받기 원하는 사람은 결혼해서는 안 된다. 중요한 것은 배우자를 이해하는 일이기 때문이다.'

---

[2] 이 테스트 중 몇 가지는 에블린 듀발(Evelyn Duvall)이 쓴 『사랑과 실생활』(*Love and the Facts of Life*, New York: Association Press, 1963)에서 뽑은 것이다.

첫 번째 테스트의 질문은 이것입니다. '우리는 함께 나눌 수 있는가? 나는 행복해지기를 원하는가 아니면 행복하게 해주기를 원하는가?'

2. 힘

"나는 염려에 빠진 한 여인에게 편지를 받은 적이 있습니다. 그녀는 어디선가 진정한 사랑에 빠진 사람은 몸무게가 준다는 글을 보았습니다. 그런데 그녀는 사랑의 감정에도 불구하고 몸무게가 줄지 않아서 염려하고 있었습니다.

사랑이 육체적으로도 영향을 미칠 수 있는 것은 사실입니다. 그러나 긴 안목으로 볼 때 진정한 사랑은 여러분의 힘을 빼앗아 가서는 안 됩니다. 오히려 여러분에게 새로운 힘과 에너지를 주어야 합니다. 여러분을 기쁨으로 충만케 하며, 창조적으로 만들고, 더 많은 것을 성취하고 싶도록 만들어야만 합니다.

두 번째 테스트의 질문은 이것입니다. '우리의 사랑이 우리에게 새로운 힘을 주며 창조적인 에너지를 공급하는가, 아니면 우리의 힘과 정력을 빼앗아 가는가?'

3. 존경

"상대방을 존경하지 않고 우러러보지 않는 사랑은 진정한 사랑이 아닙니다.

한 여자가 멋진 남자가 운동하는 모습을 보고 감탄할 수 있습니다. 그러나 '저 남자가 내 아이들의 아빠가 되기를 원하는가?' 라고 스스로 물어본다면 대부분의 대답은 부정적일 것입니다.

한 남자가 춤을 추고 있는 예쁜 여자를 보고 감탄할 수 있습니다. 그러나 '저 여자가 내 아이들의 엄마가 되기를 원하는가?' 라고 스스로 물어본다면 그녀가 아주 다르게 보일 것입니다.

세 번째 테스트의 질문은 이것입니다. '우리는 진실로 서로 충분히 존경하는가? 나는 나의 배우자를 자랑스럽게 여기는가?'

4. 습관

"언젠가 약혼한 한 유럽 여성이 걱정거리를 털어놓았습니다. '저는 약혼자를 굉장히 사랑해요. 그러나 그가 사과를 먹는 모습만 보면 참을 수가 없어요.'"

청중 가운데서 이해할 만하다는 듯한 웃음소리가 들렸다.

"사랑은 상대방의 습관도 함께 받아들이는 것입니다. 이러이러한 것들은 나중에 바뀔 것이라는 분할 계획하에 결혼하지 마십시오. 그것들은 결코 변화되지 않을 것입니다. 여러분은 상대방을 있는 그대로, 그의 습관과 단점을 다 포함해서 받아들여야 합니다.

네 번째 테스트의 질문은, '우리는 단지 서로 사랑하기만 하는가, 아니면 서로 좋아하기도 하는가?' 입니다.

5. 말다툼

"결혼하고 싶다고 말하는 커플에게 저는 심각한 말다툼을 한 적이 있는지, 즉 간혹 있는 의견 차이가 아니라 정말 싸움을 한 일이 있는지 묻습니다.

많은 경우 '오, 아닙니다! 목사님, 우리는 서로 사랑하고 있어요.'라고 말합니다. 그러면 저는 이렇게 말합니다. '먼저 말다툼을 해본 다음에 결혼하세요.' 물론, 요점은 말다툼이 아니라 서로 화해할 수 있는 능력입니다. 이 능력은 결혼하기 전에 시험해 보고 단련해야 합니다. 결혼 전에 '필요한' 경험은 섹스가 아니라 오히려 말다툼입니다.

다섯 번째 테스트의 질문은, '우리가 서로 용서할 수 있으며 서로 양보할 수 있는가?' 하는 것입니다.

6. 시간

"결혼을 앞둔 젊은 커플이 저를 찾아왔습니다. 제가 '서로 안 지 얼마나 되었습니까?'라고 물었더니, '벌써 3주, 거의 4주가 되었습니다.'라고 대답하는 것이었습니다.

그것은 너무 짧습니다. 적어도 1년은 되어야 합니다. 2년이면 더욱 안전하겠지요. 휴일이나 주일에 외출복을 입었을 때만이 아니라, 일할 때나 일상 생활 가운데서 면도하지 않고 티셔츠를 입고 있을 때나, 머리를 감지 않았을 때나 빗질을 하지 않았을 때, 압박감을 느끼거나 위험한 상황에 처했을 때 서로를 보는 것이 좋습니다.

이런 속담이 있습니다. '당신의 배우자와 여름과 겨울을 함께 지내보기 전까지는 결혼하지 마십시오.'

여러분의 사랑의 감정에 의심이 생길 때는 시간이 그 진위를 알려 줄 것입니다.

마지막 테스트의 질문은 '우리의 사랑은 여름과 겨울을 지냈는가? 우리는 서로 충분히 오랫동안 알아왔는가?' 입니다.

마지막으로 아주 확실하게 해야 할 말이 있습니다. 바로 섹스는 사랑의 테스트가 아니라는 것입니다."

섹스는 사랑의 테스트가 아니다

여기서 잠시 강의가 중단되었다. 다니엘이 많은 사람들이 6가지 테스트를 칠판에 써 달라고 요청한다고 했다. 나는 동의하고 왼쪽에 영어로 쓰고, 다니엘이 오른쪽에 그 나라 말로 썼다.

사람들이 그것을 베껴 쓰는 데는 상당히 오랜 시간이 걸렸다. 많은 사람들이 메모를 했다. 다니엘은 어떤 사람들이 필기장이 없어서 찬송가 뒷장에 사랑의 테스트를 베끼고 있는 것을 보고 당황스러워했다. 그러고 나서 나는 6가지 테스트 아래 크게 대문자로 다음과 같이 썼다.

"섹스는 사랑의 테스트가 아니다!"

다니엘이 이것을 어떻게 통역했는지는 모르나, 그저께 이후로 '섹스' 라는 단어를 칠판에 쓸 수 있을 만큼 발전한 것이다.
"만일 한 커플이 서로 사랑하는지 알아보기 위해 섹스를 원한다면, 그들에게 이렇게 물어봐야 합니다. '당신들은 서로 그렇게 조금밖에 사랑하지 않습니까?' 라고 말입니다. 만일 두 사람 모두 '오늘 밤 우리는 섹스를 해야겠다. 그렇지 않으면 이 사람은 내가 자기를 사랑하지 않는다고 생각하거나 자기가 나를 사랑하지 않는다고 생각할 것이다.' 라고 생각한다면, 실패에 대한 두려움으로 그 실험은 성공하지 못할 것입니다.
섹스는 사랑의 테스트가 아닙니다. 사람들이 시험해 보기 원하지만, 시험함으로 파괴되는 것이기 때문입니다.
예를 들어 잠자는 모습을 보십시오. 만일 자신의 잠자는 모습을 볼수 있다면 그는 잠들지 않은 것입니다. 반대로 잠이 들었다면 그는 자신의 모습을 볼 수 없을 것입니다.
사랑을 시험하는 섹스도 마찬가지입니다. 여러분이 그것을 시험해 본다면 여러분은 사랑하지 않는 것입니다. 반대로 여러분이 사랑한다면 그것을 시험하지 않을 것입니다.
사랑은 그 자체를 위해 삼각형의 상호 작용이 가능하게 될 때까지 육체적 표현을 기다릴 필요가 있습니다.

이러한 기다림은 보통 여자보다 젊은 남자에게 더 어렵습니다. 그러므로 여자는 본능적인 성급함 때문에 더 많은 유혹을 받는 남자를 도와야만 합니다.

여자가 남자를 도울 수 있는 첫 번째 방법은, 상처를 주지 않고 '안 돼요.' 라고 말하는 법, 관계를 끊지 않고 거절할 수 있는 법을 배우는 것입니다. 그것은 일종의 기교입니다. 그리고 그녀는 곧 '안 돼요.' 라는 간단하고 단호한 한마디가 긴 설명이나 변명보다 더 도움이 되고 효과적이라는 것을 발견할 것입니다. 만일 그가 그녀를 진정으로 사랑한다면, 그 때문에 그녀를 더욱 존경할 것입니다. 그녀는 또한 솔직한 찬사가 열정적인 포옹보다 자신에게 더 의미 있는 것임을 그에게 가르쳐 주어야 합니다.

여자는 또한 얼굴을 붉히는 것을 통해서도 남자를 도울 수 있습니다. 옛날 여자들은 당황했을 때 얼굴을 붉혔다고 합니다. 오늘날 여자들은 얼굴을 붉힐 때 당황스러워합니다. 그러나 얼굴을 붉히는 것, 부끄러움의 자연적인 반응은 창피한 것이 아닙니다. 그것은 방어책인 동시에 보호책입니다. 여자들은 어떤 상황에서는 그들의 본능적인 수치감이나 수줍음을 은사로 여기고 그것을 사랑을 위해 사용해야 합니다."

이제 교회는 완전히 조용했다. 나는 이 본능적 수치감이나 수줍음이 서구사회보다 아프리카에서 훨씬 더 우세하다는 것을 알았다. 영화에 나오는 길고 섬세한 키스 장면은 아프리카 사람들에게 반감을 일으킨다. 그런 장면이 나오면 관객들은 불안해 하고 어떤 사람들은 쳐다보지도 않는다. 그러나 그런 영화는 아프리카 전역에서 상영되고 있으며, 그것을 보는 사람들은 자신의 감정을 불신하기 시작한다. 그래서 나는 그들에게 재확인시켜야 할 의무가 있었다.

나는 다니엘에게 시간을 확인했다. 그는 10분이나 15분 정도 더 해도 괜찮다고 했다. 그래서 나는 약혼한 커플의 특수한 상황을 언급하고 마쳐야겠다고 결정했다.

"자, 이제 섹스의 문을 통하지 않고 사랑의 문을 통해 삼각형에 들어간 커플이 있다고 가정해 봅시다. 그들의 상황은 다르므로 우리는 두 사람의 접근을 아주 조심스럽게 살펴봐야 합니다.

두 사람은 오랫동안 교제했습니다. 섹스로 사랑을 시험할 필요가 없습니다. 서로 나누는 법을 배웠고, 둘 다 사랑 때문에 더 많은 힘과 에너지를 얻었습니다. 서로에 대한 존경심도 깊어졌습니다. 두 사람은 서로의 습관을 받아들였고 정말 서로 좋아합니다. 말다툼도 했었고, 어려운 때를 넘기기도 했습니다. 그들은 서로 용서할 수 있음을 잘 압니다.

두 사람은 이제 '우리는 평생 함께 연합하기를 원합니다.' 라고 약속할 수 있는 시점에 서 있습니다. 약혼한 것입니다. 그들은 사랑의 문을 통해 삼각형에 들어갔습니다. 그러나 이제 중대한 결정을 내려야 합니다. 즉 '나머지 두 각 중 어느 곳에 먼저 도달할 것인가? 먼저 혼인을 하고 그 다음에 함께 잘 것인가 아니면 함께 잔 다음에 혼인할 것인가?' 라는 문제입니다."

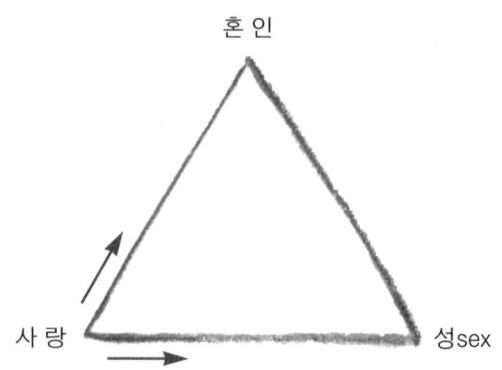

나는 잠깐 멈추고 젊은 사람들을 향해 물었다.
"여러분은 어떻게 생각하십니까?"
그것은 마치 병에서 병마개를 뽑은 것과 같았다. 모든 사람들이 동시에 이야기하기 시작했다. 다니엘이 좀 애를 쓴 후에야 그들을 진정시킬 수 있었다. 나는 되풀이했다.
"이 상황은 어제 '섹스의 문'에 대해 이야기할 때 말한 상황과는 완전히 다릅니다. 이 커플은 서로에게 아무것도 의탁하지 않은 상태에서 섹스를 첫 번째 단계로 보지는 않습니다. 두 사람은 서로에게 의탁하고 있으며, 그것은 오랫동안 주의 깊게 살핀 후에 이루어진 것입니다. 그들은 정말 아무 이기적인 동기도 없으며, 서로에 대한 책임을 받아들였습니다.

이제 그들은 이렇게 묻습니다. '왜 우리는 이 사랑을 육체적인 방법으로 표현해서는 안 되는가? 왜 우리는 함께 자기 위해 공적인 인가를 먼저 받아야 하는가? 결혼을 성립시키는 것은 실제로 서류 한 장이란 말인가?'

물론 그렇지 않습니다. 출생신고서가 아이를 존재하게 하는 것은 아닙니다. 그러나 또한 단순히 서류 한 장에 불과하지도 않습니다. 그것은 인간의 생명을 법적으로 보호해 줍니다.

혼인신고도 마찬가지입니다. 그것은 결혼을 법적으로 보호해 줍니다. 결혼의 삼각형 안에서 힘이 서로 작용하기 위해서는 개인적인 면이나 육체적인 면과 마찬가지로 법적인 면도 반드시 필요하다는 사실을 알았습니다.

약혼한 커플이 오른쪽 방향에 있는 대로 혼인하기 전에 결혼 생활을 시작하려고 한다면, 그들은 한 가지 사실을 간과한 것입니다. 바로 예측할 수 없는 인간의 생명입니다. 어떻게 두 사람이 결혼할 것을 확신할 수 있습니까?

둘 중 한 사람이 만약 혼인하기 전에 죽는다면 어떻게 하겠습니까? 자동차 사고가 난다면? 심장 마비가 온다면? 그렇게 되면 그는 홀아비입니까, 아닙니까? 그녀는 미망인입니까, 아닙니까? 서로 상속받을 수 있습니까? 그녀는 처녀입니까, 유부녀입니까? 만약 그녀가 임신했다면 그 아이의 성은 무엇입니까?

이런 질문들은 혼인신고서가 단순히 서류 한 장에 불과하지 않다는 것을 보여 줍니다. 아직 법적 단계를 밟을 준비가 되어 있지 않는 한 그들은 완전히 책임질 준비가 안 된 것입니다. 책임은 합법적인 것을 요구합니다.

이것은 그들이 모든 애정 표현을 억제해야 한다는 말입니까? 먼저 제단 앞에 가서 큰 계시를 기대하라는 말입니까?

절대로 그렇지 않습니다. 그것은 법적인 면을 무시하는 것과 마찬가지로 힘의 상호 작용을 방해할 것입니다. 비결은 연인들이 한 단계도 빠뜨리지 않고 두 방향으로 동시에 나아가는 것입니다."

나는 칠판으로 돌아서서 삼각형 안에 평행선을 그었다.

"사랑의 문에서 시작해 다른 두 각혼인과 성적 결합에 동시에 도달할 때까지 충실함과 혼인의 방향으로 가는 한 걸음 한 걸음은 애정과 친밀함이 깊어지는 것과 보조를 맞추어 함께 진행되어야만 합니다.

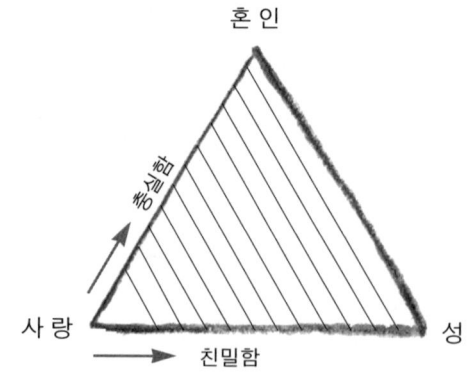

오직 목표를 견지하고 균형 있게 나아갈 때만 이 문제에 대한 해답을 얻을 수 있습니다. 친밀함으로 나아가는 한 걸음 한 걸음은 책임과 충실함의 정도와 똑같이 균형을 이루어야 합니다."

나는 옆에 서 있는 다니엘에게 돌아서서 모두가 들을 수 있는 목소리로 물었다.

"이곳 젊은이들은 어떻습니까? 두 각에 동시에 도달합니까?"

나이 많은 사람들까지도 크게 웃었다. 다니엘은 알 만하다는 미소를 띠며 다시 조용해질 때까지 기다렸다. 그러고 나서 그는 심각해졌다. 나는 맨 앞좌석으로 가서 모리스 옆에 앉았다. 그는 다니엘의 말을 작은 소리로 통역해 주었다.

"여기서는 보통 이렇게 진행됩니다. 젊은 남자가 여자에게 '나는 당신을 사랑합니다.'라고 말할 때 그는 충실함 쪽으로 1인치 정도 나아갑니다. 그러나 여자는 그 사실로 인해 너무나 행복해서 그에게 친밀함 쪽으로 3인치 정도 다가오도록 허용합니다."

다시 웃음소리가 터졌다.

"그러면 남자는 일이 잘되어 가니까 충실함 쪽으로 1인치 더 나아가야겠다고 생각합니다. 여자는 그에게 친밀함 쪽으로 4인치 더 나아가도록 허용함으로써 반응을 나타냅니다. 그들이 그 사실을 알기도 전에, 그들은 거기에 대한 전적인 책임을 수행할 수도 없으면서 섹스의 각으로 끝을 맺게 됩니다. 평행선 대신에 한쪽으로 기울어진 선을 긋는 것입니다."

그러더니 다니엘은 내가 그린 평행선을 지우고 거기에 기울어진 사선을 그었다.

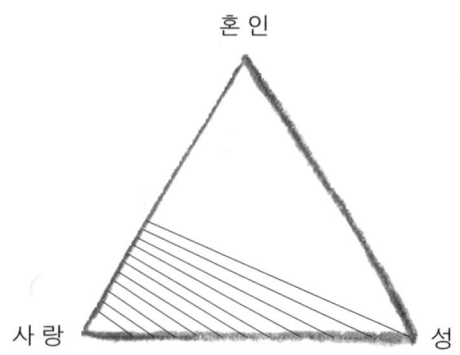

나는 다니엘이 상황을 그렇게 간단하게 설명해 주는 것에 놀라움을 금치 못했다. 나는 강의를 끝내기 위해 다시 내 자리로 돌아갔다. 나는 삼각형 속의 기울어진 선을 가리키며 말했다.

"보시는 바와 같이 삼각형 안에는 이제 공백, 빈 자리가 생겼습니다. 미국이나 유럽의 많은 약혼한 커플들 역시 같은 상황에 처해 있습니다. 그들은 서로 사랑하고 있다고 생각합니다. 그러나 너무 빨리, 너무 멀리 가 버립니다. 공백은 그들의 관계 속으로 슬며시 기어 들어옵니다. 그들은 점점 더 그들의 사랑에 대해 확신할 수 없게 됩니다. 그래서 사랑을 강화시키기 위해 친밀함을 더욱 강렬하게 합니다. 그러나 그렇게 하면 할수록 그들의 사랑에 대한 확신은 줄어듭니다.

한편, 그들은 이미 너무 깊이 들어갔기 때문에 감히 파혼하지도 못합니다. 그래서 결혼하지만 이 공백을 결혼 생활에까지 가지고 가기 때문에, 나중에 많은 문제와 어려움의 근본 원인이 되는 것입니다.

평행선이 기울어지지 않도록 지키는 것은 어려운 일입니다. 그것은 인간의 지혜와 힘으로는 안 됩니다. 하나님의 지혜와 힘이 필요합니다. 결혼의 완전한 예술가이신 하나님을 필요로 하는 것입니다.

하나님께서는 결혼의 세 요소떠남, 연합, 한 몸을 이룸를 그렇게 뗄 수 없을 만큼 밀접하게 연결시킨 이유를 아십니다. 우리는 하나님을 의지해야 하며, 하나님은 그렇게 하심으로써 우리에게 무언가를 빼앗아 가려는 것이 아니라 무언가를 주기 원하신다는 사실, 즉 우리가 예술적 작품을 창조하도록 도와주기 원하신다는 사실을 알아야 합니다. 하나님에 대한 이러한 신뢰와 믿음이 하나님의 뜻에 순종할 힘을 줄 것입니다.

'이러므로 남자가 부모를 떠나 그 아내와 연합하여 둘이 한 몸을 이룰지로다.'

끝으로 다음 성경 구절을 주목해 봅시다.

'두 사람이 벌거벗었으나 부끄러워 아니하니라' 창 2:25.

이 구절은 묘한 위치에 있습니다. 낙원과 타락한 세상 사이, 곧 창조 기사의 마지막과 타락에 대해 기록하기 바로 전에 있습니다. 이는 결혼이 이 타락한 세상 가운데 천국의 모습을 희미하게 나마 드러내고 있음을 암시하는 것입니다.

'벌거벗었으나 부끄러워 아니하니라.'

'벌거벗었다'는 것은 여기서 육체적 의미로만 쓰이지 않았습니다. 서로가 상대방을 있는 그대로 보면서 또한 상대방에게 자신을 있는 그대로 보이면서, 벌거벗은 채, 가장하거나 꾸밈 없이 서로 앞에 서 있는 것, 그러면서도 부끄러워하지 않는 것을 의미합니다.

'벌거벗었으나 부끄러워 아니하니라.'

그러나 이 원숙한 사랑의 궁극적인 목표는 앞의 구절이 말하는 바와 같이 부모를 떠나 서로 연합한 사람들, 즉 공적으로나 법적으로 결혼한 사람들에게만 약속된 것입니다.

이러한 두 사람(결혼 전이나 결혼 밖에 있는 사람이 아닌)은 한 몸을 이룹니다. 성경에서 결혼에 관해서만 '한 몸을 이룬다'는 표현이 사용되는 것은 상당히 의미 있는 일입니다.

이러한 두 사람(결혼 전이나 결혼 밖에 있는 사람이 아닌)은 매우 어려운 일, 즉 서로 있는 그대로의 모습을 보며 함께 사는 일, 벌거벗었지만 부끄러워하지 않는 일을 성공적으로 해낼 것입니다.

어쩌면 결혼 후에 부끄러움이 없어지는 은혜가 주어지기 때문에 결혼 전에는 부끄러움을 느껴야 하는지도 모릅니다.

'벌거벗었으나 부끄러워 아니하니라.'

그것은 바로 성경에서 '안다' to know 는 표현이 의미하는 바입니다.

'아담이 그 아내 하와와 동침하매(알매)' 창 4:1.

남편과 아내는 장막 안에서만 서로를 '알' 수 있습니다.

'이러므로 남자가 부모를 떠나 그 아내와 연합하여 둘이 한 몸을 이룰지로다.'"

CHAPTER 7

하나님의 장막

나는 강의가 끝나자마자 급히 문으로 달려갔다. 화트마 때문에 마음이 편치 않았다. 폐회 찬송을 부를 때까지도 기다릴 수가 없었다. 내가 마지막으로 들은 말은 다니엘이 자기 나라 말로 무엇인가를 광고하는 것이었다. 토요일 밤에는 모임이 없지만 주일에는 내가 설교할 것이며, 그때는 내 아내도 함께 참석할 수 있을 것이라고 말했으리라 생각했다.

나는 영어를 알아들을 만한 몇몇 젊은이들에게 화트마에 대해 물었다. 그들은 다만 그녀가 급히 나가는 것을 보았을 뿐이라고 했다. 점점 불안해졌다.

"누가 함께 있었나요?"

"아뇨, 혼자 나갔어요."

호텔로 갈 때도 모리스가 차로 데려다 주었는데 올 때와는 다른 길이었다.

"어디로 가고 있죠?"

"어머니를 먼저 모셔다 드리려고요. 그리고 나서 가장 좋은 레스토랑에서 목사님께 저녁 식사를 대접하고 싶습니다."

"어머니께서 함께 가고 싶어하지 않으실까요?"

"아닙니다. 어머니는 레스토랑을 불편해 하실 거예요. 어머니는 '다리가 세 개 달린 의자'를 더 좋아하는 세대니까요."

실라는 피곤한지 말이 없었다. 모리스는 어머니를 모셔다 드린 후, 시내로 돌아와 매우 현대적인 건물 앞에 차를 세웠다. 자리에 앉아 주문을 하자마자 모리스는 질문을 퍼붓기 시작했다.

"오늘 밤 목사님은 모순된 말씀을 했다는 것을 아세요?"

"그랬던가요?"

"네, 처음에 목사님은 사도 바울의 말에 따라 성적 행위는 비록 창녀와 행해졌다 해도 한 몸을 이루게 만든다고 하셨어요. 그런데 또 성경에서는 '한 몸'이란 말을 결혼에 대해서만 사용하고 있다고 말씀하셨어요."

모리스는 의기양양한 미소를 지었다.

"고린도전서 6:16은 사실 헬라어 원문에 의하면 그 표현을 결혼과 상관없이 사용한 단 하나의 구절입니다. 그러나 나는 그것이 결혼 밖에서 한 몸을 이루는 부조리를 드러내기 위한 것이라고 생각해요. 창녀와 한 몸을 이룬다는 것은 부조리한 일이죠. 바울은 '결혼 밖에서 행해진 이 행위는 완전히 잘못된 것'이라고 말하고 싶었던 것입니다."

모리스는 수프가 나오는 동안 잠시 생각에 잠겼다. 그리고 나서 이렇게 말했다.

"알겠습니다. 그러나 이제 그들은 한 몸입니까? 아니면 한 몸이 아닙니까? 아시다시피, 처음에 목사님은 성적 결합을 통해 한 몸이 된다고 말씀하셨습니다. 비록 진지하지 않거나 결혼할 의도가 없을지라도, 다시 말하면 장막을 세우기를 원치 않더라도 말입니다. 그리고 나서 목사님은 장막 안에서만, 즉 결혼 안에서만 완전히 한 몸을 이룰 수 있다고 하셨어요."

"오, 모리스. 당신은 내가 감당할 수 없을 만큼 지적이군요. 당신은 바로 내 강의에서 가장 약한 곳을 지적했어요."

"만일 창녀와도 한 몸이 될 수 있다면 창녀와 단 한번이라도 잠을 잔 사람은 누구나 그녀와 결혼하게 되는 것이군요."

"나는 그 행위가 한 쌍을 이룬다고 했지, 그들이 결혼한 것이라고는 하지 않았어요."

"그러면 무엇이 다른가요?"

"매우 까다로운 질문이군요."

모리스는 어리벙벙한 것 같았다. 우리는 잠시 침묵을 지켰다.

"이봐요, 모리스. 당신이 지적한 것은 정말 대답할 수 없는 질문이에요. 그러나 명확한 것이 두 가지 있어요. 첫째는, 성적 결합이란 비록 창녀와 행한 것일지라도 아주 필연적인 행위라는 점이에요. 둘째는, 아내와 한 몸을 이룬다는 것은 단순한 성적 결합보다 더 많은 것을 내포하고 있다는 사실입니다. 우리는 이 두 진리 사이의 어딘가에서 올바른 길을 찾아내야만 해요."

모리스는 한숨을 쉬었다. 두 진리라니. 무엇이든지 곧고 직선적으로 하는 것이 훨씬 쉬웠다.

"그러니까 그들은 혼인하지 않은 한 쌍이군요."

"순서를 바꾸어 보세요. 즉 그들은 한 쌍이 된 미혼자들이죠. 그것이 더 부조리하게 들리지요."

"매음은 삼각형에서 어느 곳에 속할까요?"

"오른쪽 각에 완전히 고립된 것이죠. 사랑이나 결혼과는 분리된 채 오직 섹스만 있는 경우니까요."

"그러면 그들은 장막에 들어간 건가요? 하나가 된 건가요?"

"어떻게 이 부조리를 설명할 수 있을까요? 그것은 마치 장막에 들어가 지붕이 없는 것을 발견한 경우와 같아요. 그들은 문을 열고 집으로 들어가 문을 잠그고 난 후 그 집이 벽도 없고 지붕도 없다는 것을 알게 되지요. 들어갔지만 역시 밖에 있는 것입니다."

웨이터가 음식을 가져오는 바람에 대화는 중단되었다. 그가 가자 모리스가 말했다.

"목사님은 아까 오후에 제가 처녀가 아닌 여자와 결혼하지 않은 것을 나무라시면서 제 양심을 자극하셨죠. 그러면 처녀가 아닌 여자와 아무런 주저 없이 결혼할 수 있다는 말인가요?"

"아니오, 물론 그렇지 않아요. 그것은 전적으로 그 여자, 그녀의 인격, 그 일이 일어난 상황, 그 사실에 대한 그녀의 태도에 달렸어요. 그러나 내가 그런 여자들, 대부분 열서너 살밖에 되지 않은 여자들을 볼 때 정말 안 됐다는 생각이 들어요. 아무도 그들에게 성교육을 해주지 않았어요. 그들이 배운 것이라고는 여자이기 때문에 모든 남자들에게 순종해야 된다는 것뿐이에요. 그런데 어떤 남자가 찾아왔고, 그들은 순종했죠. 그들은 저항하는 훈련을 받지 못했어요. ……모리스, 순결이란 단순히 육체적 흔적인 처녀막이 있는지 없는지의 문제가 아니에요. 나에게 있어서 그것은 오히려 마음의 문제, 사랑할 수 있는 능력의 문제입니다. 그것은 여자가 잃어버리는 것이 아니라 주는 것이에요."

"이해가 잘 안 가는군요."

"여자는 누구나 독특한 은사, 즉 한 남자에게 자신을 송두리째 줄 수 있는 능력을 가지고 있어요. 그 은사는 은행에 있는 자금과 같죠. 그런데 많은 여자들이 그것을 동전으로 소비해 버립니다. 매일 그들은 자금에서 약간씩 꺼내 희롱하며 여기저기 뿌려 버리죠. 그런 여자는 육체적으로는 아직 처녀일지 몰라도 수많은 애무의 경험을 통해 사랑할 수 있는 능력을 잃어버린 것이에요. 반면 어떤 여자는 경험이 없기 때문에 남자에게 쉽게 이용당할 수 있어요. 육체적으로 말하면 그녀는 처녀성을 잃어버렸지만, 마음에 관한 한 나는 그녀를 처녀라고 생각해요."

"이야기하고 싶은 것이 있어요."

모리스는 잠깐 멈칫했다.

"믿으실지 모르지만, 저는 아직 경험이 없어요. 그러니까 아직 총각이에요."

"말해 주어서 고마워요, 모리스. 당신을 믿어요."

그러고 나서 그는 물었다.

"목사님, 이제 제가 왜 처녀가 아닌 여자와 결혼하기가 특히 어려운지 이해하시겠어요?"

"아뇨."

"그리스도인으로서도 말입니까?"

"바로 당신이 그리스도인이기 때문이죠. 그리스도인이 못한다면 어느 누가 그렇게 할 수 있겠어요? 그렇지 않다면 당신이 어떻게 정직하게 주기도문을 드릴 수 있는지 모르겠군요. '우리가 우리에게 죄 지은 자를 사하여 준 것같이 우리 죄를 사하여 주옵시고'라고 말이에요."

"그러나 용서라는 것은 주고받아야 하는 것 아닌가요?"

"그녀는 이 부분에서 잘못했어요. 그리고 당신은 다른 부분에서 잘못을 했죠. 무엇이 다릅니까? 나는 서로 연합하는 데 있어서 서로 용서해 주는 것보다 더 좋은 접착제는 없다고 봅니다. 바로 그것이 하나님과 함께하는 삶의 특징이지요. 하나님께서는 항상 우리와 함께 새로 시작하실 준비가 되어 있습니다. 따라서 우리는 항상 다른 사람들과 새롭게 시작할 수 있어요. 그리고 말해 두지만, 결혼 생활에서 어떤 면에서든 배우자와 새로 시작할 필요가 없는 날은 단 하루도 없습니다."

그 후 우리는 말없이 식사를 마쳤다. 그러나 그 침묵은 대화의 끝이 아니라 일부분이었다. 호텔로 돌아오는 길에 나는 모리스에게 미망인과 결혼하는 것을 고려해 보지 않겠느냐고 물었다. 그가 운전대를 잡고 있는 것이 다행이었다. 그렇지 않았다면 펄쩍 뛰었을 것이다.

"무엇 때문에 그런 말씀을 하시죠?"

"나는 아프리카의 젊은 과부들에게 강한 동정심을 느껴요. 아무도 그들을 돌보지 않죠. 그들은 연금도 없고 사회의 지원도 받지 못해요. 그들 모두가 창녀는 아니에요. 일부는 정직하게 살려고 애쓰고 있어요. 나는 그들이 다시 당신 같은 남편을 만나면 좋겠어요. 아이들과 함께 젊은 미망인을 데려와 보세요. 그러면 당신은 당신 나이에 맞는 훌륭한 아버지가 될 수 있을 거예요. 만일 당신이 다섯 아이들을 한꺼번에 집으로 데려간다면 그때 당신 어머니의 표정이 어떨지 알 수 있을 것 같군요!"

모리스는 깊은 한숨을 쉬었다.

"농담을 하시는군요."

"아닙니다. 농담이 아니에요."

나는 분명하게 말했다.

"목사님은 정말 제 나이 정도의 과부가 어린 소녀보다 저에게 더 좋은 배우자가 될 수 있다고 생각하세요?"

"그녀는 딸이 아니라 배우자가 될 수 있겠지요."

"만일 제가 그녀에게서 아이를 낳게 되면 힘들지 않을까요?"

"그렇겠죠. 그러나 아버지 없이 어린아이들을 키우는 것보다는 훨씬 덜 힘들 겁니다. 또한 아이들에게도 아버지의 딸과 같은 어머니를 갖는 것보다는 훨씬 덜 힘들 거예요."

"그러면 이혼녀와도 결혼할 수 있나요?"

"상황에 따라서는 할 수 있지요. 용서함을 믿느냐 믿지 않느냐에 달렸죠."

우리는 호텔에 도착해 로비로 들어갔다.

"목사님은 제 속에 있는 것을 모두 뒤집어 버렸어요."

"나는 당신이 노총각이 되는 것을 원치 않아요."

모리스는 웃으면서 나를 와락 끌어안았다.

우리의 마지막 말들을 엿들은 사무원이 놀란 눈으로 우리를 쳐다보았다. 그는 이렇게 말했다.

"선생님께 어떤 신사 분이 여러 번 전화를 하셨습니다."

"전화번호를 남겨 놓았나요?"

"아니오, 다시 걸겠다고 했습니다."

그때 교환이 그 신사가 다시 전화를 했다고 알려 주었다.

"연결해 주세요. 내 방에서 받을 테니까요."

나는 급히 모리스와 작별 인사를 했다. 승강기를 기다리는데 그가 돌아와 명함을 주었다.

"필요할 때는 언제든지 전화를 주세요. 내일은 쉬니까요."

나는 방에 들어가자마자 수화기를 집어 들었다.

"존입니다."

"전화해 주어서 정말 고마워요. 안녕하셨어요? 어젯밤 우리가 이야기한 것을 생각해 보셨나요?"

"목사님께 할 말이 있어요."

그는 냉정하고 거친 소리로 말했다.

"제 손의 더러움은 정직한 더러움이에요. 힘든 일을 해서 더러워진 거죠. 저는 그것을 자랑스럽게 여겨요. 제 일은 호텔에서 여자들과 지껄이는 것보다 훨씬 더 어려운 일이에요. 그리고 제 복장은 제 일이지 목사님의 일이 아니에요. 화트마 문제도 마찬가지고요. 저는 어떻게 그녀를 돌봐야 할지 알고 있어요. 제가 이 나라를 떠날 거라고 이야기한 건 목사님의 반응을 보기 위해서였어요. 저는 제가 뭘 원하는지 잘 알아요. 그러니 제 일에 간섭하지 마세요. 그리고 만일 화트마를 지금 당장 집으로 돌려보내지 않으면 경찰을 부를 거예요."

"그녀는 여기 없어요."

"전 목사님을 믿지 않아요."

"분명히 말하는데, 그녀는 여기 없어요."

"저는 목사님의 말을 한마디도 믿지 않아요. 그녀는 내가 직장에서 돌아왔을 때 집에 없었어요. 창문으로 빠져나간 거예요. 그녀가 교회에 갔다는 것을 알고 있어요."

"제발 들어 보세요, 존. 당신의 마음을 상하게 해서 정말 미안해요. 당신의 손에 대해 언급한 것을 사과합니다. 그러나 지금 중요한 것은 화트마를 찾는 일이에요."

"저는 그녀가 교회에 갔다는 것을 알고 있어요."

"네, 그녀는 교회에 왔었어요. 그러나 일찍 나갔어요. 나는 그녀가 당신을 만나러 갔을 거라고 생각했어요."

"지금 11시예요. 만일 그녀가 12시까지 돌아오지 않으면, 경찰을 부를 거예요. 그리고 만일 그녀에게 무슨 일이 일어난다면 목사님을 고소할 겁니다."

"제발 내 말 좀 들어봐요, 존……."

그러나 그는 전화를 끊어 버렸다. 나는 진정하려고 애썼다. 나는 엄청난 실수를 저질렀다. 그의 손에 대해서는 말할 필요가 없었다. 누구에 대해서든 부정적인 언급은 마귀를 향한 기도이며, 그것은 곧 이루어진다고 나는 생각했다.

그러나 그가 어떻게 그것을 알았을까? 화트마가 이야기했을까? 하지만 그는 하루 종일 화트마를 보지 못했다고 했다. 아니면 그가 나에게 거짓말을 한 걸까? 그리고 화트마는 어디에 있을까? 여자가 밤에 혼자 나간다는 것은 위험한 일이다. 그녀에게 무슨 일이 일어났는지도 모른다. 최소한 그녀가 사는 곳이라도 알 수 있다면! 그녀가 갈 만한 곳이 어딜까?

나는 무기력하고 지친 가운데 잠자리에 들었다. 그녀를 어디서 찾을 수 있을지 조그만 실마리라도 있다면 주저하지 않고 나갈 텐데. 사실 이런 상황에서 상담자가 기도마저 할 수 없다면 어떻게 할까 싶었다.

얼마나 잤는지 알 수 없지만 나는 갑자기 잠에서 깼다. 마치 방에서 어떤 목소리가 들리는 것 같았다. 존의 목소리였다. 그러자 꿈에 그가 나왔던 것이 기억났다. 그의 방문이 꿈에서 재현된 것이다. 그는 떠나려고 했고, 나는 갈 길이 머냐고 물었다. "아뇨, 바로 강 건너예요."라고 그는 말했었다.

새벽 3시. 문득 불길한 생각이 뇌리를 스쳐갔다. 나는 전화기로 달려가 수화기를 들었다. 졸린 듯한 목소리가 대답했다. 야간 사무원이었다.

"이 도시에 강이 있습니까?"

"네, 있습니다."

"큰가요?"

"약간 크지요."

"여기서 얼마나 멀죠?"

"좀 멀어요."

"거기까지 걸어서 몇 분이나 걸리죠?"

"좀 오래 걸릴 겁니다."

그것은 15분에서 2시간 사이를 의미하는 것이었다.

"교회에 갈 때는 강을 보지 못했는데요."

"거기 가는 데는 다리를 건널 필요가 없으니까요."

"만일 이 호텔에 있는 어떤 사람이 '나는 강 건너 살아요.'라고 말한다면 그는 다리를 건너가야 하나요?"

"네, 그렇습니다."

"다리는 하나뿐인가요?"

"네, 하나뿐입니다."

"거기까지 갈 택시가 지금 있을까요?"

"그건 어렵습니다. 게다가 지금 선생님 혼자 택시를 타시는 것은 좋지 않다고 생각합니다."

"그러면 이 번호로 전화를 걸어 주세요."

전화벨이 오랫동안 울린 후에 모리스가 전화를 받았다.

"나 월터예요, 모리스. 언제든지 전화를 걸어도 된다고 했지요? 미안한데 지금 당장 당신이 필요해요."

"알겠어요. 지금 곧 가겠습니다."

"호텔까지 오는 데 얼마나 걸리지요?"

"15분쯤 걸릴 겁니다."

"10분 안에 오도록 해보세요."

나는 옷을 입고 내려가 호텔 앞에서 모리스를 기다렸다. 거리는 사람도 차도 없이 텅 비어 있었다. 드디어 모리스의 차가 보였다. 나는 차가 멈추자마자 올라탔다.

"다리가 어디 있는지 아세요?"

그는 웃었다.

"제발 아무것도 묻지 말아줘요. 단지 나를 다리까지 데려다 주는데, 차가 다리 위로 올라가기 전에 옆으로 빼서 세워 줘요."

그는 말없이 차를 몰았다. 모리스가 아무것도 묻지 않는 것이 고마웠다. 이윽고 양 옆으로 돌난간이 있는 길고 좁은 다리가 보였다. 오른쪽에는 보행자를 위한 좁은 길이 있었다.

모리스는 다리에 가까이 가서 멈추었다. 그 자리에서는 다리 전체를 볼 수 있었다. 가로등은 없었지만 달빛이 있어서 건너편도 쉽게 볼 수 있었다.

거기 그녀가 있었다. 난간에 기댄 채 굽이치는 물결을 내려다보고 있는 사람은 화트마였다.

"저기 있는 여자가 보입니까?"

"네."

"지금은 그녀에 대한 이야기를 해줄 수가 없어요. 그러나 그녀가 절망적인 상태이고 자살할지도 모른다는 것을 알고 있어요.

가까운 곳에 경찰서가 있나요?"

"다리 건너편에 하나 있어요."

"좋아요, 이제 다리 위로 갑시다. 그녀를 지나쳐서 20피트쯤 그냥 갑시다. 그녀가 눈치채지 못하게, 그저 우리가 드라이브를 하는 중이라고 생각하도록 말이에요. 그리고 나서 차를 멈추면 나는 뛰어내려가서 그녀가 뛰어내리기 전에 붙잡도록 할게요."

"만약 그전에 그녀가 뛰어내리면요?"

"그러면 될 수 있는 대로 빨리 경찰서로 가서 신고를 하세요."

"네, 알겠습니다."

"만일 내가 그녀에게 조용히 이야기하는 것이 보이면 돌아가서 조금 떨어진 곳에 차를 세워 주세요. 우리의 대화가 들리지 않도록요. 하지만 계속 우리를 보고 있어야 해요."

"왜죠?"

"소송이 있을지도 몰라요. 내가 이 여자와 함께하는 모든 일에 대해서 증인이 필요해요. 이제 갑시다."

"기도할까요?"

"네, 그렇게 해주세요."

머뭇거릴 시간이 없었다. 모리스는 운전대 위에 손을 모으고 잠시 기도했다. 나는 그 믿음직스러운 손을 바라보면서, 그 손이 인간의 손 이상이라는 것을 알았다.

화트마는 우리가 가까이 갔을 때에도 움직이지 않았다. 그녀는 우리에게 등을 돌리고 서서 팔꿈치를 돌난간에 기대고 두 눈을 강물에 고정시킨 채 움직이지 않았다.

모리스는 천천히 그녀를 지나가서 멈췄다. 나는 문을 확 열어젖히고 뛰어나가서 최대한 빨리 그녀에게로 뛰어갔다. 그녀는 홱 돌아서더니 깜짝 놀랐다. 그녀가 어떤 반응을 보일 겨를도 없이 나는 그녀의 팔을 잡았다.

"화트마, 바보같이 여기서 뭐하고 있는 거예요?"

그녀는 잠깐 나를 바라보더니 벗어나려고 몸부림을 치면서 몸을 돌려 버렸다. 그녀는 흐르는 물을 계속 응시하면서 한마디도 하지 않았다.

모리스는 조금 더 가서 돌더니 좀 떨어진 건너편에 차를 세웠다. 그리고 헤드라이트를 껐다. 다리 위에는 아무도 없었다. 우리 세 사람뿐이었다. 정적을 깨는 것은 다리 밑에서 흐르는 물소리뿐이었다.

나는 화트마 옆에 서서 돌난간에 팔꿈치를 기대고는 그녀와 똑같이 물을 내려다보았다. 잠깐 숨을 돌린 후, 나는 가능한 한 조용하고 긴장을 푼 목소리로 그녀에게 물었다.

"당신이 저기로 떨어지면 어디로 가게 될지 아세요?"

그녀는 대답하지 않았다. 나는 기다렸다. 몇 분이 지났다.

"될대로 되라지요."

결국 그녀가 입을 열었다.

"볼장 다 보았어요."

"아직 다 끝나지 않았어요. 바로 그 점에서 당신은 실수하고 있는 거예요."

"제가 죽으면 끝장이 날 거예요."

"당신은 죽지 않을 것이고, 끝장나지도 않을 거예요."

"그러나 짐은 사라지겠지요."

"그 반대예요. 당신은 영원히 당신의 짐을 지고 갈 것입니다. 게다가 다른 모든 짐에 자살한 짐까지 지게 될 거예요. 그것은 정말 아무것도 해결해 주지 않아요."

"그게 무슨 상관이 있어요? 제가 아는 것은 이렇게는 더 이상 살 수 없다는 것뿐이에요. 저는 그 짐을 더 이상 질 수가 없어요."

"나는 당신에게 짐을 지라고 말하는 것이 아니에요. 나는 당신이 짐 없이 살기를 원해요."

"목사님, 목사님은 지금 무슨 말을 하는지도 모르고 있어요. 목사님은 제 짐의 반도 알지 못해요. 저는 목사님에게 거짓말을 했어요. 모든 사람에게 거짓말을 했어요. 목사님이 생각하는 것보다 훨씬 더 나빠요. 목사님이 만일 저에 대해 모든 것을 알게 되면 충격을 받을 거예요."

"당신에게 약속합니다. 나는 충격을 받지 않을 거예요."

그녀는 꼼짝 않고 어두운 강물만 내려다보고 있었다. 그러더니 이렇게 말했다.

"만일 제가 저 자신을 죽이지 않으면 다른 사람을 죽일지도 몰라요. 죽음은 제가 마땅히 받아야 할 것이에요."

"나도 동의합니다."

"목사님도 동의하세요?"

"네, 내가 당신에 대한 모든 것을 알든지 모르든지 간에 당신은 죽어 마땅합니다. 나도 그렇고, 모든 사람이 다 그래요. 다른 점이란 어떤 사람은 그것을 알고 있고 어떤 사람은 모른다는 것뿐이에요. 당신이 알고 있어서 기뻐요."

"그러면 왜 목사님은 제가 죽지 못하게 하는 거예요?"

"너무 늦었기 때문이에요. 이미 다른 사람이 당신을 대신해서 죽었어요."

"제 생활을 바꾸기에는 너무 늦었지만, 죽기에는 아직 늦지 않았어요."

"순서가 바뀌었어요, 화트마. 당신의 생활을 바꾸기에는 아직 늦지 않았지만, 죽기에는 이미 너무 늦었어요."

"죽기에는 너무 늦었다고요?"

그녀는 고개를 돌려 나를 쳐다보았다.

"이해가 안 가요."

"내가 이야기를 하나 해줄게요. 바라바에 대한 이야기를 들어본 적이 있나요?"

"예수님 대신 목숨을 건진 살인자 말인가요?"

"네, 바로 그 사람이죠. 유월절에 죄수 한 명을 놓아 주는 것이 유대인의 관습이었어요. 빌라도는 유대인들에게 누구를 놓아 줄지 물었어요. 예수님과 바라바 중에서 말이에요."

"기억하고 있어요. 그런데 유대인들은 바라바를 택했죠."

"맞았어요! 자, 이제 상상해 보세요. 예수님이 수난을 당하시는 날 바라바는 자유로운 몸이 되어 예루살렘 거리를 걷고 있었어요. 그는 군중이 골고다로 밀려가는 것을 보고 따라갔어요. 그가 거기에 도착했을 때 누구를 보았을까요?"

"십자가에 달리신 예수님이요."

"당신은 마을 학교에서 공부를 잘했군요."

"그 이야기는 자주 들었지만 저에게는 아무 의미가 없었어요."

"자, 들어보세요. 바라바는 동료 죄수를 알아보았어요. 순간 그는 한 가지 사실을 깨달았어요. 만일 예수님이 저기에 달려 계시지 않다면……그 뒷말을 이을 수 있겠어요, 화트마?"

"그렇다면 내가 저 자리에 있을 텐데."

"그래요, 화트마. 당신도 그렇게 됐을 거예요. 나도 그렇게 됐을 거고요. 우리 두 사람 다 그렇게 됐을 거예요."

우리는 다시 말없이 굽이쳐 흐르는 물만 바라보고 있었다. 그녀는 잠시 후 나를 쳐다보지 않은 채 다시 말했다.

"그 이야기를 계속해 주세요."

"바라바가 '예수님이 죽는 것은 정당하지 않다. 결국 내가 살인자고 예수님은 아니다. 나는 죽어야 마땅하나 그는 아니다. 내가 지금 할 수 있는 일이란 자살하는 것뿐이다.'라고 생각했다고 상상해 보세요. 당신은 거기에 대해 어떻게 생각하세요?"

"그는 어리석은 사람이었을 거예요."

"당신이 만일 저기로 뛰어내린다면 당신도 그와 똑같이 어리석은 거예요. 당신은 너무 늦었어요, 화트마. 당신이 마땅히 치러야 할 그 죽음을 예수님이 대신 지고 이미 돌아가셨어요. 그분의 죽음 때문에 모든 자살은 너무 늦은 거예요. 불필요한 일이죠. 당신은 자유롭게 되었어요. 바라바처럼 자유롭다고요."

"자유롭게 되었다고요?"

그녀는 돌아서서 돌난간에 기댄 채 내 얼굴을 정면으로 쳐다보았다. 냉담함은 사라졌다. 그녀의 눈빛은 필사적이었다.

"자유요? 제가 자유롭다고요?"

그녀는 짧고 씁쓸한 웃음을 보였다.

"저는 갇혀 있어요, 목사님. 문은 제 뒤에서 닫혀 버렸어요. 문에는 손잡이도 없고요."

"그래서 당신은 교회에서 그렇게 빨리 떠났나요?"

"네, 목사님은 제가 잡고 있던 마지막 희망의 지푸라기를 빼앗아 갔어요."

나는 눈을 감았다. 나는 무슨 일을 한 것인가? 나는 도대체 어떤 전달자인가?

"저는 장막 안으로 들어갔어요. 안에 들어서자 지붕이 없다는 것을 알았어요. 비가 샜어요. 그러나 나갈 수가 없었어요. 그러자 갇혀 버렸다는 무시무시한 생각이 들었어요. 나가고 싶었어요. 어느 곳으로든지요!"

나는 눈을 감은 채 그녀 앞에 서 있었다. 다리가 후들거렸다.

"화트마, 나는……."

"제가 결혼을 하든 안하든 무슨 상관이 있어요? '결국 그들은 한 쌍이 됩니다.'라고 목사님은 말씀하셨어요. '그들도 모르는 사이에.' 저는 저 자신도 모르게 부부가 되어 버렸어요."

그녀는 분노와 절망 가운데서 자신을 잊어버린 채 소리 치기 시작했다.

"저에게는 흔적이 남았어요. 목사님이 말씀하신 것처럼 육체에는 지울 수 없는 도장이 찍혀 있어요. 저에게는 흔적이 남고, 남고, 또 남았어요. 존뿐이 아니에요. 그 전에 최소한 여섯 명은 될 거예요. 제 문은 여섯 번이나 닫혔습니다, 목사님. 어쩌면 문이 여섯 개일지도 몰라요. 하지만 어떤 문도 자물쇠를 깨뜨리지 못했어요. 그러나 저 자신과 제가 가진 모든 것이 그렇게 된 것은 아니에요. 다만 이 초라하고 더럽고 저주받은 육체만이 그렇게 되었어요. '나는 나 자신을 나의 몸으로부터 분리시킬 수 없습니다.'라고 목사님은 말씀하셨죠. 옳아요. 저는 분리될 수 없어요. 저는 결혼하지도 않았지만 이혼할 수도 없어요."

율법은 죽이는 것이다. 만일 그녀가 다리에서 떨어졌다면, 그것은 존의 잘못이 아니라 나의 잘못이었다.

'오늘 밤 저를 깨워 주신 주님께서 지금 적절한 말씀을 주셔야 합니다. 하늘과 땅 사이에 있고, 두 강둑 사이에 있고, 죽음과 삶 사이에 있는 이 다리 위에서, 저에게 주님의 말씀을 주소서.'

"하트마, 교회는 젊은이들로 가득 차 있었어요. 그들은 아직 장막을 세우지 않았지요. 나는 그들을 당신과 같은 운명에서 구하기 위해 경고해야 했어요. 그것은 당신을 위한 메시지는 아니었어요."

"그러면 저를 위한 메시지는 무엇인가요?"

그녀는 다시 돌아서서 돌난간 위에 기댔다.

"하나님께서 밖에서부터 그 문을 부수실 수 있다는 것입니다. 문이 하나든, 여섯이든, 백이든 상관없이요."

"저를 육체로부터 분리시키면서 말이에요?"

"사람은 불가능하지만 하나님은 하실 수 있습니다. 그분께는 모든 것이 가능하기 때문이죠."

"그러면 제게 불가능한 일을 하나님은 어떻게 하실 수 있나요?"

"나는 아직 이야기를 끝맺지 않았어요. 바라바는 만약 예수님이 십자가에 매달리시지 않았다면 자기가 그렇게 되었을 것이라는 사실을 깨달았어요. 바라바는 거기서 그치지 않았어요. 십자가를 등지고 세상을 앞에 두고 말했죠. '예수께서 나를 위해 돌아가셨으니, 나는 적어도 그분을 위해 살겠다!'"

화트마는 아무 말도 하지 않았다. 나는 기다렸다. 그때 그녀를 위한 요한복음 8:11 말씀이 떠올랐다.

"예수님이 간음한 여인에게 말씀하셨습니다. '나도 너를 정죄하지 아니하노니 가서 다시는 죄를 범치 말라.'"

"어디로 가야 하나요?"

"내가 전화로 말해 준 시편 27편을 읽었나요?"

"네, 그리고 저에게 적합한 구절을 발견했어요."

"그것을 말해 줄래요?"

"'내 부모는 나를 버렸으나' 예요. 저에게는 모든 것이 거꾸로예요. 목사님이 말씀하신 것과 달리, 제가 부모를 떠난 것이 아니라 부모님이 저를 버렸어요."

"내가 당신을 위한 구절이라고 한 건 그 구절이 아니었어요. 그러나 만일 당신이 그 구절을 인용한다면, 그 구절이 어떻게 끝나는가에도 귀를 기울여야 해요. '내 부모는 나를 버렸으나 여호와는 나를 영접하시리이다' 시 27:10."

"그러면 여호와께서는 어디 계신가요?"

"지금은 내가 하나님의 대변자예요. 그래서 그분의 이름으로 내가 당신을 위한 말씀이라고 생각했던 구절을 말해 주겠어요. 그 말씀은 어제 나에게도 깊은 위로를 주었어요."

여호와께서 환난 날에 나를 그 초막 속에 비밀히 지키시고 그 장막 은밀한 곳에 나를 숨기시며 바위 위에 높이 두시리로다 시 27:5

"아니에요. 제게는 예레미야서가 더 맞아요. '내 장막이 훼파되고 나의 모든 줄이 끊어졌으며 내 자녀가 나를 떠나가고 있지 아니하니……' 렘 10:20. 저는 아이들을 유산시켰어요. 아이들을 죽인 거예요. '내 장막을 세울 자와 내 장을 칠 자가 다시 없도다.'"

"그러나 있어요, 화트마. 하나님 그분이 당신의 장막이에요."

"제가 장막을 가질 수 있다는 건가요? 혼자 살면서도, 독신으로 결혼하지 않고도 말이에요?"

"네, 완전하고 방수가 되는 장막, 지붕도 있고 모든 것이 다 있는 장막, 당신이 환난 날에 숨을 수 있는 장막이지요."

그녀는 돌난간을 향해 다시 돌아섰지만 강물을 내려다보지는 않았다. 그녀의 눈은 강을 따라서 수평선을 향하고 있었다. 맑고 어두운 아프리카의 하늘은 부드러운 잿빛으로 변해 가고 있었다. 새날을 알리는 첫 신호였다.

"저의 죄를 다 가진 채 하나님의 장막에 들어갈 수는 없어요. 저는 하나님을 잊어버렸고, 삶 속에서도 하나님을 배척했어요."

"하나님께서는 당신을 잊지 않으셨습니다. 그러나 당신의 죄는 잊어버리십니다."

"제 죄를 다 알지도 못하면서 어떻게 그렇게 말씀하시나요?"

"비록 그 죄들을 다 모른다고 해도 절대적으로 그렇게 말할 수 있어요."

"그렇다면 하나님은 그것들을 어떻게 다 잊어버리시는데요?"

"마치 그런 일이 일어나지도 않은 것처럼 되지요."

"믿을 수 없어요. 아직은 안 돼요. 생각할 시간을 주세요. 제 장막을 세울 수 있도록 도와주세요."

"도와드리겠어요."

"저는 지금 집으로 돌아갈 수 없어요. 두려워요……."

"그러면 다니엘 목사님 댁으로 가는 게 어때요?"

나는 모리스에게 손짓을 했다. 그는 자동차 시동을 걸더니 우리가 서 있는 곳으로 왔다. 화트마를 그의 옆에 앉히고 나는 뒷자리에 앉았다.

"기다리게 해서 미안해요."

"아닙니다. 저도 바빴어요."

"나도 그것을 느낄 수 있었어요, 모리스. 당신의 기도가 결코 헛되지 않았어요."

모리스는 때때로 옆에 앉아 있는 화트마에게 수줍은 듯한 시선을 던지며 말없이 운전했다.

다니엘의 집에 도착하자, 문 위에 분명히 에스더가 쓴 듯한 조그마한 표지판이 있었다. 거기엔 이렇게 쓰여 있었다.

"친애하는 친구 여러분, 될 수 있으면 오전 8시에서 9시 사이,

오후 5시에서 6시 사이에만 방문해 주세요."

지금은 오전 5시에서 6시 사이였다. 다시 한번 나는 다니엘에게 한 충고에 어긋나는 행동을 해야만 했다. 우리는 오랫동안 문을 두드렸다. 마침내 다니엘의 대답이 들렸다.

"누구세요?"

"좀 이른 방문객들입니다. 아직 훈련이 안 돼서 당신의 근무 시간을 지킬 수 없게 됐네요."

"월터!"

다니엘은 재빨리 겉옷을 걸친 뒤에 문을 열었다.

"벌써 일어났어요?"

"야간 근무자입니다."

모리스가 대답했다.

다니엘은 나와 화트마와 모리스를 돌아가면서 쳐다보았다. 사실 우리는 이상해 보이는 일행이었다.

"들어오세요."

나는 간단히 상황을 설명했다. 그러고 나서 누가 존에게 전화를 걸 것인지 의논했다. 화트마는 거부했다. 다니엘이 자진해서 나섰지만, 화트마는 자기가 어디에 있는지 그가 알게 될까봐 두려워했다. 그녀는 그에게 말하지 말아 달라고 다니엘에게 애원했다. 하지만 내가 걸기도 조심스러웠다.

"이번에도 내가 나서는 게 좋을지 의문이에요. 적어도 나는 화트마가 마음을 정할 때까지는 그에게 말하고 싶지 않아요. 그는 내게 상당히 화가 났어요. ……화트마, 그에게 우리가 전화로 한 이야기를 한 적이 있나요?"

"전혀 없어요."

"내가 그의 더러운 손에 대해 말한 것을 알고 있던데요."

"그는 우리의 전화 내용을 녹음했어요."

"전부 다요?"

"네."

"당신이 목사관에 전화한 것까지도요?"

"네, 어제 오후에 그가 전화에 녹음 장치를 해놓은 것을 발견했어요. 그가 집에 돌아와 저를 때릴까봐 두려웠어요. 그래서 창문으로 도망나와서 교회로 갔어요. 그러나 목사님이 안에 손잡이가 없는 문에 대해 이야기하셨을 때, 집에 있을 때보다 더 갇혀 있다는 느낌이 들었고 모든 희망을 잃어버렸어요. 저는 존에게 갈 수도 없었고, 부모님에게 갈 수도 없었고, 목사님에게 갈 수도 없었어요."

그러자 모리스가 존에게 전화를 걸겠다고 나섰다. 거기에 대해서는 아무도 대답이 없었다.

에스더가 방금 깨어난 아기를 안고 방으로 들어왔다. 나는 에스더에게 화트마를 소개했다.

"그녀는 매우 지쳐 있어요. 그리고 중대한 결정을 내려야만 해요. 그 결정을 하기 위해서는 안정이 필요하지요. 우선 먹을 것과 수면이 필요하답니다."

"손님용 침실을 사용하면 되겠군요."

"좀 쉬고 나면 사모님이 좋은 이야기를 나누었으면 해요."

다니엘은 이해할 만하다는 미소를 지었고, 에스더도 동의했다.

"목사님 사모님은 언제 오시죠?"

에스더가 내게 물었다.

"오후 4시요. 비행기가 제 시간에 도착한다면 그렇습니다."

"좋아요. 에스더와 내가 3시 30분에 호텔로 목사님을 모시러 갈게요. 괜찮다면 넷이 저녁 식사도 함께 했으면 해요."

나는 그러자고 하고 모리스와 함께 떠났다. 호텔로 가는 동안 모리스는 처음에는 아주 조용했다. 그러더니 이렇게 물었다.

"목사님의 전화 내용이 녹음되는 일이 전에도 있었나요?"

"아니오. 그런 일은 생각해 본 적도 없어요."

"어쩌면 존은 외모에 대한 비평을 들을 필요가 있었는지도 몰라요. 그것이 그에게 유익이 되었을 거예요."

"모리스, 만일 내가 하나님께서 우리의 실수까지도 사용하실 수 있다는 것을 믿지 못한다면, 즉시 이 일을 중단해야 할 거예요. 안에 손잡이가 없는 문에 대해 이야기한 것도 마찬가지예요. 그것은 옳은 말이에요. 그러나 화트마에게는 그렇지 않았어요."

"그런데도 하나님은 그것을 화트마에게도 사용하셨군요."

"그것이 '은혜'지요, 모리스. 하나님께서는 당구를 치고 계세요. 우리가 잘못된 방향으로 공을 보내도 하나님께서는 그것을 다시 튀게 해서 제대로 들어가게 하신답니다."

마침내 호텔에 도착했다. 모리스는 전형적인 아프리카의 예절대로 나를 로비까지 데려다 주었다. 그는 아무 말도 하지 않았다. 뭔가에 열중해 있는 듯했다. 로비에는 존이 와 있었다. 수척해 보였고 눈은 흐릿했다. 그러나 양복을 입고 있었다.

서로 인사를 나누고 그에게 그 동안 일어났던 일들을 말해 주었다. 그리고 나서 그에게 생각할 시간을 주었다. 그가 갈등하고 있다는 것을 알 수 있었다. 마침내 그가 입을 열었다.

"목사님에게 한 가지 말씀드리고 싶은 게 있습니다. 화트마는 자기가 하고 싶은 대로 할 자유가 있습니다. 그녀는 나와 계속 동거할 수도 있고 헤어질 수도 있습니다."

"고마워요, 존. 당신이 그렇게 말하니 정말 기쁩니다."

나는 그에게 계속 화트마에 대한 소식을 알려 주겠다고 약속했다. 그는 냉정하게 작별 인사를 했지만 적어도 평안한 마음으로 돌아갔을 것이다.

존이 호텔을 떠나는 것을 보면서 참 안됐다는 생각이 들었다. 그의 내력은 어떠했을까? 어쩌면 그는 유럽에서 문제를 일으켰는지도 모른다. 상관과 싸움을 했거나 파혼을 했는지도 모른다. 사생아일지도 모르고 이혼했는지도 모른다. 혹은 이혼도 하지 않은 채 멀리 떨어지면 문제가 해결되리라고 생각했는지도 모른다. 그러나 멀리 떨어지는 것은 어떤 문제도 해결해 주지 않는다.

나는 아직도 깊은 생각에 잠겨 있는 모리스에게 돌아서서 다시 한번 고마움을 표했다. 우리는 잘 자라는 말로 아침 인사를 하고 헤어졌다. 나는 교환에게 잠을 좀 자야 하니까 12시까지는 전화도, 방문객도 들여보내지 말아 달라고 부탁했다.

"하지만 내가 새벽 3시에 일어났다고 꼭 설명하고 공손히 말해 주어야 합니다. 대부분 문제를 가진 사람들이 전화를 하니까요."

"선생님은 무슨 일을 하세요?"

"문제가 있는 사람들을 돕지요."

그녀는 좀더 이야기하고 싶은 듯했지만, 다른 직원들이 주의 깊게 듣고 있었다. 그래서 그녀는 최선을 다하겠다고 약속하고는 자기 자리로 돌아갔다.

나는 방에 올라와 곧 깊이 잠들었다.

자신을 위한 장소

전화벨 소리에 잠을 깬 것은 정확히 12시였다.

"선생님, 깨워서 죄송합니다만 전화가 왔습니다."

"괜찮아요. 전화가 많았나요?"

"네, 많았어요. 그리고 디모데와 미리암 커플이 10시부터 로비에서 기다리고 있어요."

"그들에게 얼른 점심을 먹을 테니 기다리라고 말해 주세요."

"네, 선생님. 그리고 한 가지 더 있어요. 저도 선생님과 이야기할 수 있을까요?"

"물론이죠. 이리로 올라오겠어요?"

"손님 방에 개인적으로 찾아가는 것은 호텔 규칙에 어긋나는 일이에요. 전화로 이야기하면 안 될까요?"

"언제 일이 끝납니까?"

"밤 11시에요."

"좋아요, 오늘 밤 당신이 퇴근하기 전에 전화를 하세요."

그러고 나서 교환은 전화를 연결해 주었다.

에스더였다. 그녀는 화트마가 휴식을 취했고 자기와 좋은 이야기를 나누었다고 했다. 화트마는 아직 어떻게 할 것인지는 결정하지 않았다고 했다. 그녀는 아직도 갈등하고 있었다.

"그녀에게 당분간 우리 집에 함께 있자고 했어요."

"잘하셨어요, 사모님. 감사합니다. 다른 자살 사건들이 생각나네요. 그들이 단 하루만 더 기다렸다면 해결책을 발견할 수도 있었을 텐데. 물론 목사님 댁에 머무는 것이 최종 해결책은 아니에요. 그것이 화트마의 가장 깊은 필요를 채워 주지는 못해요. 그런데 한 가지 이해할 수 없는 점이 있어요. 아프리카의 '대가족'에 대해 상당히 많은 글을 읽었는데, 이렇게 위급한 일이 생길 때는 도와줄 사람이 한 사람도 없는 것 같아요."

"요즘 대가족은 시골에서나 찾아볼 수 있어요."

"그러나 화트마는 결혼식에 삼사백 명이나 초대하고 싶다고 했어요."

"결혼식에 초대할 사람과 도와줄 수 있는 사람은 달라요."

"그건 그렇죠. 그러나 그녀는 그들을 '친구들'이라고 했어요.

그 가운데 진정한 친구가 한 사람도 없을까요? 그것이 바로 내가 이해할 수 없는 점이에요."

"제가 그 문제에 대해 화트마에게 이야기해 보도록 하지요. 저는 이 도시를 잘 알고 있는데, 그것은 결코 쉬운 문제가 아니에요. 그런데 화트마가 우리와 함께 있는 것이 그녀의 가장 깊은 필요를 채워 줄 수 없다는 말은 무슨 뜻인가요? 그녀의 가장 깊은 필요는 뭐죠? 목사님은 그것이 결혼이라고 생각하세요?"

"아뇨, 꼭 그렇지는 않아요."

"섹스인가요? 섹스를 하지 않고는 살 수 없을 만큼 깊이 빠진 건가요?"

"그렇게 생각지도 않아요. 그녀는 오히려 섹스에 싫증이 났고 실망해 버렸어요."

"그러면 무엇을 찾고 있는 건가요?"

"장소지요."

"하지만 우리 집에 그녀가 있을 곳을 마련해 주었는데요."

전형적인 사고 방식이었다. 결혼한 사람이 결혼하지 않은 사람의 문제를 이해한다는 것은 참으로 어려운 일이다.

"잠시 동안은 목사님 댁이 제가 화트마를 위해 바랄 수 있는 가장 훌륭한 곳일 거예요. 그러나 그곳은 제가 말한 '장소'와는 의미가 달라요. 그녀는 자기가 속해 있을 장소가 필요한 거예요. 자기 자신의 것이며, 자기 문패가 달려 있고, 자기의 가구가 있는 곳 말이에요. 그녀가 자기 집으로 느끼며 다른 사람을 위해 제공할 수 있는 곳, 바로 그런 곳이에요. 저는 그녀가 전 생애에 걸쳐 그런 장소를 찾아왔지만 아직 발견하지 못했다고 생각해요. 그녀는 남자들이 자기를 취할 때 그렇게 되리라고 생각했죠. 그러나 그녀가 발견한 것은 장소가 아니라 침대뿐이었어요. 그런 장소의 결핍이 자살의 주요 동기 중 하나랍니다."

에스더는 잠시 동안 생각했다. 그러더니 이렇게 말했다.

"결국 누군가가 그녀와 결혼해 주지 않으면 그녀는 결코 행복해질 수 없겠군요."

이런, 그녀는 아직도 알아듣지 못한 것이다.

"반드시 그런 것은 아니에요."

나는 인내심을 가지고 말했다.

"결혼했지만 아직 그런 장소를 갖지 못한 부부도 있고, 독신이지만 그런 장소를 갖고 있는 사람들도 있어요."

"그러면 하나님인가요? 이 모든 문제 가운데 하나님은 어디로 들어오실까요? 목사님은 화트마의 가장 깊은 필요가 하나님이라고 말씀하시는 거죠?"

"네, 사모님."

"그러나 목사님은 그녀의 가장 깊은 필요가 장소라고 하셨잖아요."

"마찬가지예요. 하나님이 계신 곳에만 그 장소가 있으니까요.

장소를 발견하는 사람은 하나님을 발견합니다. 그리고 하나님을 발견하는 사람은 장소를 발견한 것입니다. 어디 있든지, 결혼을 했든지 독신이든지 상관없이 말입니다."

"그 문제를 좀더 깊이 생각해 봐야겠어요. 저는 결혼 생활 지침이 필요하듯이 독신 생활 지침도 필요하다고 생각해요."

"네, 전적으로 동의합니다. 화트마는 지금 뭘 하고 있죠?"

"무언가 쓰고 있어요. 뭔지는 몰라요. 묻지 않았어요."

"잘하셨어요."

"그녀가 존에게로 돌아가고 싶다면 어떻게 하죠?"

"가게 하세요."

"그녀가 자기 물건을 가지러 같이 가자고 하면요?"

"물론 사모님이 같이 가셔야죠."

"그러나 저는……."

"존과도 좋은 대화를 나눠 보세요. 그 또한 도움이 필요해요. 사모님에게는 그를 도울 만한 능력이 있어요. 그는 저에게는 완전히 문을 닫아 버렸어요. 저는 그에게 실패했어요."

"그러나 목사님, 저는 그런 일을 해본 적도 없고 훈련도 받지 않았어요."

"단지 사모님의 여성적인 직관만 사용하면 됩니다. 사모님이 많은 훈련을 받았다 해도 직관이 없으면 큰 도움이 되지 못할 거예요. 상담은 기교지 과학이 아니랍니다."

"그러나 저는 완전히 제로 상태예요."

"저도 그래요. 우리는 둘 다 제로예요. 아무도 어젯밤 제가 한 것보다 더 훌륭한 방법은 알지 못할 거예요. 하나님께서 우리를 사용하실 때 바로 그렇게 되는 거예요. 하나님은 제로 앞에 계신 분이랍니다. 그것이 제일 중요하죠."

"감사합니다, 제로 형제님."

"감사합니다, 제로 자매님. 사모님이 존에게 가실 때 하나님께서 축복하실 거예요."

나는 그녀가 대답하기 전에 전화를 끊었다.

점심 식사를 마치자, 디모데와 미리암이 들어왔다. 그들이 풍기는 분위기는 예전과 달랐다. 자신들에 대해 좀더 확신을 가진 것 같았다. 두 사람은 함께 소파에 앉더니 디모데가 먼저 말을 시작했다. 미리 그렇게 하기로 한 것 같았다.

"우리는 함께 이야기했어요."

"어디서요?"

"제 형님 댁에서요."

"그러니까 당신들이 함께 이야기할 수 있는 장소가 있군요."

"네, 있어요."

그는 미소를 지으면서 말했다.

"우리는 이야기 끝에 미리암이 어제 우리가 섹스의 문을 통해 삼각형으로 들어갔다고 말한 것이 아주 옳지 않았다는 결론을 얻었어요. 사실 우리는 사랑의 문으로도 들어간 거예요. 말하자면 우리는 그 둘 사이를 왔다갔다했던 거죠. 목사님도 아시다시피, 우리는 그 둘 사이에 있는 특수한 경우예요.

"나는 우리 중 99퍼센트가 둘 사이에 있는 특수한 경우라고 생각해요."

"우리 관계에서 처음에는 사랑이, 순수한 사랑이 있었다고 생각해요. 그래서 목사님이 말씀하신 대로 사랑의 문으로 들어갔어요. 그러나 들어가자마자 섹스의 문으로 간 거예요. 그러고는 금세 우리가 어떻게 들어왔는지 잊어버렸어요. 그것을 어떻게 표현할까요? 우리는 한 몸을 이루었지만 완전히 이룬 것은 아니었어요. 우리는 마음을 나누지 않고 육체만 나누었어요. 그것을 깨닫자마자 우리는 사랑으로 다시 돌아가려고 애를 썼지요. 그러나 그 문을 다시 찾을 수가 없었어요."

"저는 '안 돼요.'라고 말하기가 두려웠어요."

마침내 미리암이 말을 꺼냈다.

"저는 사랑이란 절대 '안 돼요.'라고 말하는 것이 아니라고 생각했어요. 그리고 얼굴을 붉히는 것을 부끄럽게 여겼어요."

"당신은 얼굴을 붉힐 수 있어요, 미리암."

내가 끼어 들었다.

"나는 어제 당신이 그다지 아름답지 못한 것을 말할 때 그것을 보았어요."

8. 자신을 위한 장소 | 193

"나는 당신의 '안 돼요.' 라는 말과 얼굴 붉히는 것을 존중하겠어요."

디모데는 새롭게 확신을 얻은 듯한 목소리로 말했다.

"좋아요. 그것이 당신들의 병에 대한 진단이에요. 그러면 치료책은 무엇일까요?"

"우리에겐 두 가지 질문이 있어요."

디모데가 대답했다. 다시 한번 그들이 조심스럽게 이야기를 준비했다는 것이 명확해졌다.

"첫 번째 질문은 이거예요. 목사님은 우리 나이와 교육 수준과 성격 차이 때문에 우리같은 결혼이 어떤 경우나 실패할 것이라고 생각하세요?"

"아닙니다. 어떤 경우에나 그런 것은 아니에요. 사실 나는 당신들의 결혼이 성공한다면 그것은 진정한 간증이 될 수 있을 거라고 생각해요."

"무슨 의미죠?"

"당신들의 결혼은 남자가 아내를 지배하고, 아내가 자녀를 낳아 주는 존재로만 여기는 '밭의 개념의 결혼'이 아니라는 사실이 모든 사람들에게 분명해질 것입니다. 미리암은 결코 밭의 역할을 하지 않을 테니까요. 그녀는 배우자로서 결혼하든지, 그렇지 않으면 결혼하지 않을 거예요. 당신들 주위 사람들은 그것을 알게 될 것입니다. 그것이 곧 '간증'이 되는 거죠."

나는 잠깐 말을 끊었다. 그러자 디모데가 말했다.

"그러나……"

"그러나 뭡니까?"

"저, 목사님은 우리들의 결혼이 어떤 경우에나 실패하는 것은 아니며, 성공한다면 간증이 될 수 있다고 말씀하셨어요. 그러니까 그 다음에 '그러나'가 있는 것이 틀림없지요."

나는 웃을 수밖에 없었다.

"네, 맞아요. 만일 미리암이 우월성을 뽐내는 대신 충분한 재치와 분별력을 발휘하지 않는다면, 당신이 때로는 그녀가 당신보다 앞서 있다는 사실을 인정할 만큼 겸손하고 자기를 부인하지 않는다면, 당신들의 결혼은 위험에 처할 것입니다. 그것은 비록 작은 문제지만 어마어마한 결과를 가져올 수도 있습니다. 적어도 그것은 아주 특별한 노력을 필요로 할 겁니다."

"그렇다면 우리가 그렇게 할 수 있으리라고 생각하세요?"

디모데가 걱정스럽게 묻자, 미리암이 그의 손을 잡았다.

"위험을 알고 그것을 직시한다는 것은 이미 반은 극복했다는 것을 의미합니다. 그러나 특별한 일을 성취하기 위해서는 그 이상이 필요합니다."

"그러나 우리는 아주 평범해요. 특별한 것이 아무것도 없어요."

"당신들은 특별하지 않아요. 그러나 하나님께서 당신들에게 특별한 일을 행하기 원하시는지도 몰라요."

"목사님은 우리가 그리스도인으로서 그 일을 해낼 수 있다는 말씀인가요?"

미리암이 결론적으로 물었다.

"당신들이 하나님과 함께 어떤 삶을 사느냐가 결정적인 역할을 하리라고 봅니다."

그들은 잠자코 있었다.

"그것은 두 번째 질문과 연결되는군요."

다시 이야기를 시작한 사람은 디모데였다.

"모든 것을 다시 시작할 수 있을까요?"

"무슨 뜻이죠?"

"마치 우리가 결코 삼각형에 들어간 일이 없는 것처럼 출발점에서부터 다시 시작한다는 뜻이죠. 천천히 사랑의 문으로 가까이 가서 거기서부터 한 걸음도 빼먹지 않고 양쪽 방향으로 나아간다는 말이에요."

"이 사람 말은 우리가 이미 너무 깊이 들어갔지만, 지금부터 결혼할 때까지 성 관계를 하지 않을 수 있느냐는 뜻이에요."

미리암이 솔직하고 직접적으로 덧붙였다.

"일단 시작했기 때문에 유혹이 더 클 테니까 분명히 쉽지 않을 거예요. 그러나 불가능하다고는 생각지 않아요. 인간의 힘만으로는 할 수 없습니다. 그것은 특별한 은혜, 즉 특별한 힘이 필요합니다. 그러나 그렇게 하는 사람들을 보았답니다."

"결과는 어땠나요?"

"보통 두 사람의 교제가 훨씬 더 깊어졌죠. 성 관계를 그만두자마자 그들은 더 깊은 수준까지 가까워질 수 있었어요. 그러나 물론 그들은 서로 도왔답니다."

"우리는 어떻게 서로 도울 수 있을까요?"

미리암이 궁금해 했다.

"이런 환경은 피하세요. 예를 들어 밤에 단 둘이 차를 타는 일 같은 것은 그만두세요. 다른 연인들과 함께 나가세요. 정직하세요. 만일 어떤 것이 아름답지 않다면 일부러 아름다운 것처럼 꾸며 말하지 마세요."

"그렇게 되면 너무 긴장하게 되지 않을까요?"

"분명히 그럴 겁니다. 하지만 그러면 어떻습니까? 오늘날 많은 성적 문제는 사람들이 어떻게 해서든지 고통과 포기와 긴장을 피해야 한다고 생각하기 때문에 일어납니다. 나는 긴장은 긍정적인 것이라고 생각해요. 그것은 성장하고 성숙하는 과정이에요. 언젠가 당신들은 긴장 속에서 견디는 법을 배워야 할 것입니다. 그리고 결혼 전이 그것을 배우기에 아주 좋은 시기지요."

"결혼 생활 가운데서도 긴장이 계속될까요?"

"네, 계속됩니다. 결혼 전에 긴장을 견디는 법을 배우지 않은 사람은 결혼 생활을 하면서 위기에 부딪힐 것입니다. 삼각형의 세 각 사이에는 긴장이 있습니다. 즉 성과 사랑 사이, 사랑과 혼인 사이, 혼인과 성 사이가 그렇습니다. 장막도 마찬가지입니다. 막대기에 걸쳐진 천막이 팽팽할 때에만 물이 새지 않을 것입니다. 긴장이 사라지자마자 천막은 축 처져 버립니다."

디모데와 미리암은 더 이상 아무 말도 하지 않았다. 그들은 작별 인사를 하고는 함께 손을 잡고 떠났다.

다니엘이 공항에 나가기 위해 나를 데리러 왔다. 로비를 지날 때 교환실에서 교환이 머리를 내밀고 나에게 눈으로 인사를 했다. 나는 고개를 끄덕여 주었다. 그때 갑자기 아내 잉그릿을 위해 방을 예약해 두지 않은 것이 생각났다.

우리는 사무원에게 2인용 방으로 옮길 수 있는지 물었다. 그는 주말이기 때문에 방이 모두 차 있다고 설명했다.

"어제, 아니 오늘 아침에만 이야기하셨어도 가능했을 텐데요."

"정말 부끄럽군요, 목사님. 결혼과 나눔에 대해 이야기하느라 일주일 내내 바빠서 아내와 함께 지낼 수 있는 방을 준비하는 것을 까맣게 잊고 있었어요."

직원이 내가 있는 방 맞은편 일인용 방은 어떻겠느냐고 제안해서 결국 그렇게 하기로 결정했다.

"마치 우리가 서로 사이가 좋지 않아서 방을 따로 쓰는 것처럼 보이겠는데요."

내 말에 다니엘은 이렇게 위로해 주었다.

"목사님 부부가 각각 떨어져서 이야기할 수 있다는 이점도 있어요. 에스더가 화트마와 이야기할 때 손님방이 따로 있어서 참 좋았거든요."

에스더는 차 안에서 우리를 기다리고 있었다. 나는 그녀에게 화트마와 이야기하는 동안 그리고 나와 그렇게 긴 통화를 하는 동안 아이들은 누가 보았느냐고 물었다.

"남편이 보았어요."

그녀는 자랑스럽게 말했다. 다니엘은 소리 내 한숨을 쉬었다.

"형제님, 많이 힘드셨나요?"

"말도 못하게 힘들었죠. 만일 아내가 계속 그런 식으로 나간다면 나중에는 어떻게 될지 모르겠어요."

그가 농담을 했다. 그러더니 어조를 바꾸어 말했다.

"목사님, 이건 정말 진지한 이야기인데요. 에스더는 그 일에 참여한 이후로 딴 사람이 되었어요. 새로운 아내를 맞은 것 같다니까요."

"지금은 누가 아이들을 보고 있나요?"

"화트마가 아이들을 돌봐 주겠다고 했어요."

공항으로 가는 동안 다니엘은 나에게 호텔의 전화 교환에게 상담하는 법을 가르쳐 주었냐고 물었다.

"제가 오늘 오전 9시 조금 지나서 목사님과 통화하려고 하자 교환이 부드럽고 친절한 목소리로 이렇게 말하더군요. '선생님,

선생님이 어려움 가운데 계시다는 것을 알고 있습니다. 그러나 희망을 버리지 마세요. 의사 선생님은 지금 주무시고 계세요. 저는 12시까지 그분을 깨우지 말아야 해요. 그러나 선생님이 그 시간 이후에 다시 전화를 거신다면 분명히 도와주실 겁니다.'"

우리 세 사람 모두 유쾌하게 웃었다.

"저는 단지 공손하게 말해 달라고 부탁했을 뿐이에요. 목사님이 첫 번째 '환자'가 될 줄 누가 알았겠어요? 오늘은 전화가 많았어요. 이 도시에서는 왜 아무도 전화로 상담 할 생각을 못했을까요?"

그러는 동안에 공항에 도착해 잉그릿이 탄 비행기가 30분 연착한다는 것을 알았다. 기다리는 동안 다니엘과 에스더는 전날 저녁 강의에 대해 이야기했다.

"어젯밤 우리는 사선이 그어진 삼각형에 대해 의논했어요. 목사님이 말한 '관계에 있어서의 공백'에 대해서도 이야기했지요. 그러다 많은 약혼한 사람들에게 그 표현이 적합하지 않다는 것을 알았어요. 그들의 상황은 달라요. 그들은 이미 오랫동안 알고 지냈어요. 자신들의 사랑에 대한 확신도 있고, 서로의 충실함도 여러 번 증명해 보였죠. 많은 위기를 함께 헤쳐 나오면서 사랑 표현은 점점 발전했고, 서로에 대한 책임감도 자라났어요. 그러나 외부 환경 때문에 결혼할 수 없는 경우도 있어요. 예를 들면 살 곳이 없는지도 몰라요. 아직 둘 다 학생일 수도 있고요. 그들의 관계에는 사실 아무 공백도 없어요. 다만 그들을 혼인과 완전한 육체적 연합에서 분리시키는 아주 작은 공백이 있을 뿐이지요. 그들의 경우는 이렇다고 볼 수 있지 않을까요?"

다니엘은 종이 한 장을 꺼내더니 삼각형을 그리고 그 안에 평행선을 긋다가 마지막 하나만 약간 기울어지게 그렸다.

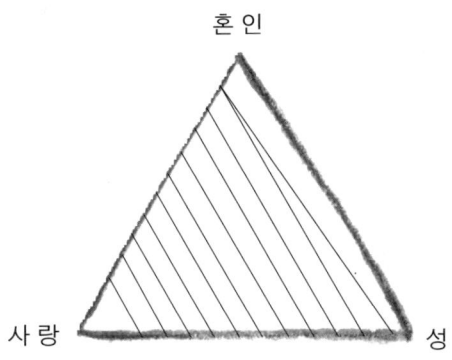

그는 계속 설명했다.

"그러한 커플들은 '혼인하기 전에 결혼 생활을 시작하는 것은 우리 잘못이 아니에요. 환경 때문에 어쩔 수 없이 그렇게 된 것뿐이지요. 이상적이 아니라는 것은 알지만, 우리에게는 별로 나쁜 것 같지 않아요. 본능적인 욕망을 누르면서 긴장하고 신경질적이 되거나 심지어 서로를 잃어버릴 위험보다는 그러한 모험이 낫다고 생각해요.' 라고 합니다. 솔직히 말해서, 저는 어떤 점에서는 그들이 옳다고 인정할 수밖에 없답니다. 너무 오래 기다리는 것이 결혼 전에 자신을 서로에게 주는 것보다 삼각형의 힘의 상호 작용을 훨씬 더 방해할지도 모르니까요."

"그것이 실제로 가장 큰 쟁점이 될 뿐 아니라 가장 어려운 문제랍니다. 외부에서는 아무도 그들을 판단하거나 정죄할 권리가 없지요."

"어떤 사람들은 결혼 전의 섹스가 결혼을 더 행복하게 만든다고 하지 않나요?"

에스더가 물었다.

"저는 개인적으로 혼전에 섹스를 하지 않았다면 결혼 생활이 실패했을 거라고 하는 부부는 보지 못했어요. 혼전 섹스가 결혼에 아무런 해도 끼치지 않았다고 하는 부부는 몇 커플 알고 있죠. 그러나 훨씬 더 많은 부부들이 비록 깊이 생각하고 결정해서 혼인 전에 결혼 생활을 시작했지만, 나중에는 혼전 결혼 생활에 다른 관점을 갖게 되는 것을 보았습니다."

"우리는 당신이 쓴 『나는 너를 사랑하였다 *I Loved a Girl*』를 읽었습니다. 프랑스와와 세실이 후자에 속하지요?"

다니엘이 물었다.

"그렇다고 봐요. 두 사람은 프랑스와가 세실의 비싼 지참금을 치를 수 없었기 때문에 삼각형에서 '중간의 작은 공백'을 건너뛰는 것을 정당화했지요. 하지만 지금에 와서는 '좀더 기다렸으면 좋았을 걸.' 하고 후회하리라고 생각해요."

"목사님은 그러한 커플에게 뭐라고 말씀하실 건가요?"

"글쎄요. 먼저 저는 그들이 결혼하지 않는 이유를 알아볼 것입니다. 때때로 실제 동기가 단지 잘못된 자존심에 지나지 않을 때도 있습니다. 너무 교만해서 식탁 하나와 침대만으로는 결혼 생활을 시작할 수 없는 것입니다. 하지만 왜 못합니까? 신혼 때는 고생해 보는 것도 좋지 않을까요? 저는 그들에게 맨 밑바닥에서부터 시작하면 앞으로 위로 올라갈 일만 있을 거라고 말해 주겠습니다."

"그러니까 작은 셋방에 난로 하나만 가지고도 시작해 보라고 격려한다는 겁니까?"

"저는 새 침실이 없어서 결혼을 연기한다는 것은 어리석다고 생각합니다."

"우리 교인 중 많은 사람이 예복을 마련할 수 없어서 결혼하지 못한다고 한답니다. 어떤 이들은 비용이 많이 드는 전통 혼인 잔치를 해야 한다는 생각 때문에 결혼을 연기하기도 하죠."

나는 이렇게 외쳤다.

"그래서 우리가 간소한 결혼식을 장려해야 하는 거예요! 약혼한 커플이 충분한 시간 동안 서로의 사랑과 충실함을 검증해 왔다면, 가족들은 되도록 빨리 결혼식을 올리도록 격려해 주어야 합니다."

"그런데 그것이 불가능할 때는 어떻게 합니까?"

"그렇다면 그들에게 성 관계로 한 가지 문제(성적 긴장감을 줄이는 것)는 해결할지 모르나 더 많은 새로운 문제가 생긴다는 사실을 깨우쳐 주어야만 합니다."

"그런데 그런 커플들의 주된 문제점은 무엇인가요?"

에스더가 물었다.

"그들은 돌아갈 곳이 없다는 것을 기억해야만 합니다. 그날부터 다시 나가려고 해도 문이 닫혀 버립니다. 또한 그들만의 장소를 갖지 못하면 상호간의 조절은 어려워집니다. 피난처가 없다는 느낌 때문에 더 고통받는 사람은 여자이며, 그 때문에 그녀는 완전한 성적 만족감을 얻지 못할 수도 있습니다."

"그러면 피임에 대해서는 어떻게 생각하시죠?"

"흔히 그들은 결정을 내릴 때 피임에 대해서는 생각지도 않습니다. 곧 이 문제에 대해 이상적인 해결책은 없으며, 어떤 방법을 쓰더라도 타협이 필요하다는 것을 알게 돼죠. 함께 살지 않으면서 합의한다는 것은 쉬운 일이 아닙니다."

드디어 잉그릿이 탄 비행기가 도착했다. 승객들이 나오기 시작하고 얼마 후 아내가 보였다. 연갈색 옷에 초록빛 스카프를 두른 아내는 여왕처럼 걸어오고 있었다. 스웨덴 혈통을 나타내듯 긴 팔을 가볍게 흔들면서 큰 걸음으로 걸어오고 있는 모습을 보며 그처럼 멋진 여자와 결혼했다는 사실이 자랑스럽게 느껴졌다.

우리를 발견하고 손을 흔드는 아내의 얼굴은 신선하고 아름다웠다. 며칠 전 그렇게 침울한 편지를 쓴 사람이라고는 믿어지지 않을 정도였다. 나는 아내의 가방을 보면서 내가 잊어버린 것을 그녀가 기억했으면 하고 바랐다. 다니엘과 에스더에게 줄 선물 말이다.

우리는 다정히 인사를 나눈 뒤 공항 레스토랑으로 갔다. 식사를 기다리는 동안 잉그릿은 선물을 나누어 주었다. 에스더에게는 블라우스를, 다니엘에게는 넥타이를, 그들의 집을 위해서는 알프스 사진이 실린 천연색 커다란 달력을, 아이들을 위해서는 작은 장난감들을 주었다. 의외의 선물들로 분위기가 부드러워졌다. 오래 지나지 않아서 우리는 오랜 친구들처럼 이야기하게 되었다. 잉그릿이 사람들을 쉽게 사귀는 것이 고마웠다.

다니엘 부부는 미국 사람들도 아프리카 사람들과 같은 문제를 가지고 있는지, 마찬가지로 결혼의 삼각형이 필요한지 알고 싶어했다.

다니엘은 성적 분방함이 판을 치는 미국의 '부부 스와핑'에 대해 읽은 적이 있다고 했다. 남편과 아내가 함께 가서 자기가 원하는 대로 짝을 바꾸었다가 전혀 감정이 개입되지 않고 다시 남편과 아내로 귀속된다는 것이었다. 그러나 이 모임은 부부들이 그 상태를 오래 지속하지 못하는 것을 보았다. 그들 안에서 무엇인가 반발을 일으키는 것 같았다고 했다.

"그래요."

잉그릿이 말했다.

"그 사람들은 그것이 소위 '단조로운 일부일처제도'로부터의 도피라고 생각하지만, 그 결과는 더 심한 공허와 외로움이지요. 미국인들도 아프리카인들과 마찬가지로 결혼의 삼각형이 필요해요. 우리는 일부일처제가 성과 사랑을 결혼으로 완성시키는 흥미진진한 모험이 될 수 있다는 것을 보여 주어야만 해요. 간음보다 더 지겨운 일은 없고, 이혼보다 더 공허한 일은 없답니다."

에스더는 한 가지 비전을 가지고 있었다.

"우리 네 사람, 아프리카인 부부와 유럽인과 미국인 부부가 한 팀을 이루어 그 메시지를 전할 수 있다면 정말 굉장할 거예요."

"네, 만일 아프리카 사람들이 아프리카 사람의 입에서 그 메시지를 들을 수 있다면 굉장한 도움이 될 것입니다."

나는 에스더의 말에 동의했다.

"그러나 미국인들과 유럽인들이 아프리카 사람에게서 그런 메시지를 듣는다면 더욱 놀라운 일이 될 거예요."

잉그릿이 덧붙였다.

"나 역시 그렇게 생각해요."

나는 에스더에게 의미 있는 시선을 던지며 이렇게 덧붙였다.

"만일 당신들이 솔직한 제로라면, 즉 제로보다 조금이라도 더 많아지고 싶어서 부풀리지도 않고 제로보다 더 적어지고 싶어서 움츠러들지도 않는 제로라면 말이에요. 움츠러드는 제로는 사람들의 눈에 겸손하게 보이고 싶어하지요. 아시다시피 열등감이란 흔히 감추어진 교만을 드러내는 것이거든요."

"아내에게 또 상담 공부를 시키는 겁니까?"

다니엘이 웃으면서 항의하며 잉그릿에게 이렇게 말했다.

"사모님의 남편이 제 아내를 목사로 만들고, 저를 아이 보는 사람으로 만들었답니다. 저는 지금 우리 가정에 목사는 한 사람으로 족하다는 것을 알려 드리는 거예요."

내가 설명했다.

"다니엘 목사님 부부도 우리와 똑같은 문제를 가졌어요, 잉그릿. 방해받지 않는 순간이 조금도 없고, 많은 것이 거치적거리고, 결혼 생활과 일 사이에 끊임없이 마찰이 생기죠. 목사님은 모든 사람들의 문제에 귀를 기울일 시간은 있지만, 사모님의 문제에 귀를 기울일 시간은 없는 거예요. 우리랑 참 비슷하지 않아요?"

잉그릿은 잠시 생각에 잠겼다. 그러더니 이렇게 말했다.

"한 가지 해결책이 있어요. 목사님 부부는 숨을 곳이 필요해요. 아무도 두 분을 찾을 수 없고, 아무도 모르는 교외의 어떤 곳 말이에요. 거기로 일주일에 한번 정도 함께 가서 하루 종일 혹은 반나절 정도 보내는 거예요."

에스더의 얼굴이 밝아졌다.

"저는 우리가 갈 만한 곳을 알고 있어요."

"어디죠?"

다니엘이 궁금해 했다.

"단 둘이 있을 때 말해 드릴 게요."

그녀가 장난기 어린 미소를 띠면서 말했다.

"다른 사람은 아무도 모르게 되어 있어요."

"월터는 때때로 방해받지 않고 일하고 싶을 때 찾아가는 수도원이 있어요."

잉그릿이 말했다.

"맞아요. 거기 가면 저는 항상 결혼하지 않은 신부들이 부러워진답니다."

에스더가 진담이냐고 물었다.

"정말 그럴 거예요."

다니엘이 나 대신 대답했다.

"결혼한 남자는 누구나 한번쯤 독신이라면 좋겠다고 생각할 때가 있다고 봐요."

다니엘이 웨이터에게 계산서를 가져오라고 손짓했다. 그는 자기가 식사비를 지불하겠다고 고집했다. 나는 비록 그가 적은 봉급으로 무리하고 있다는 것을 알았지만, 그의 아프리카식 접대를 거절하지 않기로 했다.

공항에서 호텔로 돌아오는 동안 두 부인은 뒷좌석에 앉아 있었다. 에스더는 잉그릿이 숨을 장소에 대해 좋은 조언을 해준 것을 다시 한번 감사하고 있었다. 잉그릿과 에스더가 이야기하는 동안 다니엘이 내게 말을 걸었다.

"언젠가 책에서 본 적이 있는데, 상담자에게 충고를 하지 말라고 하더군요."

"그것 또한 충고 아닌가요?"

"네, 그러나 그 저자는 충고를 한다는 것은 사람들을 지시하는 것이라고 말했어요. 상담자는 그렇게 하지 말아야 한다고 하더군요."

"목사님은 그렇게 하지 않을 수 없어요. 지시하지 않는 것도 일종의 지시라고 할 수 있어요 아마도 가장 교묘한 방법일 테지요. 저는 폴 투르니에가 아무도 사실상 도덕적으로 중립일 수 없으며, 비록 공개적으로 말하지 않는다 해도 드러나지 않은 생각과 판단이 다른 사람들의 직관을 피하지 못한다고 말한 것에 동의해요.[1]

비록 목사님이 아무 말도 하지 않는다 해도, 상대는 목사님이 무엇을 생각하고 있는지 상상할 것이고, 목사님 생각에 대해 생각하느라 많은 시간을 보낼 것입니다. 그런 식으로 그는 완전히 잘못된 결론에 도달할지도 모릅니다. 저는 목사님이 자신의 의견을 솔직하게 나누는 것이 더 정당하고 덜 위험하다고 믿어요. 물론 그러고 나서 그것을 받아들일지 말지는 그 사람의 자유에

---

1) Cf. Paul Tournier, *A Place for You* (New York: Harper & Row, 1968), p. 85.

맡겨야겠지요."

"그러나 월터 목사님, 그 저자는 충고하는 것이 마치 안전한 강둑에 앉아 물 속에 있는 사람에게 말하는 것과 같다고 했어요. 그 대신 뛰어 들어가 그와 함께 헤엄쳐야 한다고 했죠."

"그 반대예요. 만일 목사님이 아무 충고도 하지 않는다면 강둑에 가만히 앉아 있는 것이에요. 그러나 충고를 한다면 물 속에 뛰어 들어가는 것이죠. 만일 상대방이 충고를 따른다면, 목사님은 책임이 생기는 겁니다. 그와 함께 연결되는 거예요. 곧 그와 함께 헤엄을 치는 것이지요."

호텔에 도착해서 에스더와 다니엘에게 작별 인사를 했다.

"집에 도착하면 화트마가 어떤지 전화해 주세요."

오늘 저녁에는 강의가 없어서 기뻤다. 지난 밤부터 계속 피곤한 상태였다. 내 방에 단 둘이 남게 되자 나는 잉그릿을 품에 안았다. 아내는 눈물을 흘리며 말했다.

"모든 것이 너무 버거워요."

"애들하고는 어떻게 헤어졌어요?"

"애들은 모두 잘 있어요. 남자애들은 목요일에 기숙사로 보냈어요. 여기 다윗이 당신에게 보낸 편지가 있어요."

나는 열두 살 짜리 아들이 커다랗게 갈겨 쓴 편지를 읽었다.

어젯밤에 이상한 꿈을 꾸었어요. 내가 아빠 엄마와 함께 아프리카로 가는 꿈이었어요. 아빠는 나에게 좌우명이 뭐냐고 물으셨어요. 잠깐 동안 생각해 보았더니 한 노래 가사가 생각났어요.
"늘 주님과 함께 가라" Gehe mit dem Herrn allewege.

우리가 이렇게 아이들을 떼어놓음으로써 그 애들의 새로운 면을 보게 되고, 어쩌면 그것이 그들의 내적 성장에 도움이 될지도 모른다는 생각이 들었다.
"하지만 루시는 당신이 떠날 때 힘들어 하지 않았어요? 겨우 여덟 살인데."
"그 애는 이웃 사람들과 함께 지내게 된 것 때문에 아주 흥분해 있던 걸요. 당신의 옛날 선장 모자를 자기 장난감 코끼리에게 씌워 주고는 당신 때문에 자기는 외롭지 않을 거라고 했어요. 그 애가 내게 한 마지막 말이 뭔지 아세요? '엄마, 나를 못 본다고 해서 너무 슬퍼하지 마세요. 엄마는 시간이 참 빨리 간다는 걸 아시잖아요!' 나는 가끔 애들이 엄마보다 더 용감하다는 생각이 들어요. 당신 강의는 어땠어요?"
"나에게 묻지 말고 들은 사람들에게 물어보도록 해요."
"벌써 에스더 사모가 차 안에서 이야기 해주었어요. 별로 놀라지 않았어요. 여행을 떠나기 전부터 이미 하나님께서 당신을 사용하고 계시다는 것을 알았으니까요."
우리는 바로 두어 시간 전에 미리암과 디모데가 앉았던 소파

위에 함께 앉았다.

"당신이 보낸 편지에 불평하는 말이 써 있어서 마음이 편치 않았어요."

"불평하려는 건 아니었어요. 단지 사실을 나누고 싶었을 뿐이에요."

"그러나 당신이 그런 사실들을 나눌 때, 나는 정죄당하는 느낌이 들어요. 마치 당신을 혼자 남겨 둔 것이 내 잘못이라고 말하는 것 같거든요. 내가 당신을 충분히 사랑하지 않는다고 말하는 것 같고……."

"내가 원했던 것은 그게 아니라……."

"이런 일을 할 때는 다른 편지가 필요하다는 걸 몰라요?"

"알아요. 아주 잘 알고 있지만, 먼저 내가 실제로 느끼는 것을 나누지 않고는 다른 편지를 쓸 수가 없었어요. 그렇게 의지할 데가 없을 때는 달리 어떻게 해야 할지 모르겠어요. 당신이 멀리 있을 때는 나의 가장 깊은 감정을 이야기할 사람이 아무도 없어요. 만일 내가 편지로라도 당신에게 그런 말들을 쓸 수 없다면 무슨 일이 일어날지 몰라요."

잉그릿은 더 이상 눈물을 닦으려고도 하지 않았다. 그녀는 내 무릎 위에 머리를 묻은 채 조용히 흐느꼈다. 여왕 같은 숙녀는 사라져 버렸다. 남은 사람은 민감한 어린아이뿐이었다.

전화벨이 울렸다. 왼손으로는 계속 아내의 머리카락을 쓰다듬으면서 수화기를 들었다. 다니엘이었다.

"단지 축하를 드리고 싶어서 전화했습니다. 사모님이 오신 것 말입니다. 사모님은 마치 천사처럼 보였어요. 그런 인상을 주는 사람은 처음이었어요. 처음에는 실제 인물이 아니라고 생각했죠. 그러나 실제 인물이더군요. 정말 눈부실 지경으로 아름다워요."

"네, 감사합니다."

잉그릿은 계속 머리를 내 무릎에 파묻고 흐느끼고 있었다.

"사모님이 계시면 방이 달라 보여요. 에스더도 홀딱 반해 버렸어요."

"고마워요. 때때로 저같이 볼품없고 곰 같은 사람이 어떻게 이런 아내를 만났는지 스스로도 믿기지 않을 때가 있어요."

잉그릿이 머리를 들었지만 나는 부드럽게 눌렀다.

"그런데 화트마는 어때요?"

"좋아요. 집에 와 보니 아이들과 함께 저녁을 먹고 놀고 있더라고요. 마음이 좀 가라앉은 것 같아요. 마음을 결정한 것같이 보이기도 했지만, 어떤 충고도 하지 않았어요."

"걱정 마세요. 어쨌든 그녀는 목사님이 자기에게 뭘 바라는지 알고 있으니까요."

"그녀가 목사님에게 편지를 썼다는데, 아직 다 쓰지 않았나 봐요. 내일 예배가 끝난 뒤 주고 싶대요. 그건 그렇고, 제가 전화를 건 이유는 오늘도 사람들이 교회에 꽉 차 있어요. 아직도 계속 오고 있고요. 혹시 오늘 밤에도 강의를 해주실 수 있겠어요?"

"오늘 밤에는 모임이 없다고 광고하지 않았나요?"

"물론 했지요. 그런데 사람들이 오고 있어요. 어쩌면 내 말이 분명하게 전달되지 않았는지도 모르지요. 새로 온 사람들도 많은데 도저히 그냥 돌려보낼 수가 없어요. 목사님이 꼭 와주셨으면 좋겠어요."

"죄송하지만 저는 갈 수 없어요."

"제게 '안 돼요.' 라고 말하는 법을 가르치려는 것인가요?"

"잉그릿이 저 대신 갈 수는 없을까요?"

잉그릿은 깜짝 놀라 머리를 쳐들더니 똑바로 일어나 앉았다. 그러더니 강경하게 머리를 가로 저었다.

"승낙했어요. 15분 안으로 데리러 와주세요."

잉그릿이 내 손에서 수화기를 뺏어 들었지만 이미 전화를 끊은 상태였다.

"나는 아무것도 준비한 것이 없어요."

아내가 그것에 대해 걱정하리라는 것을 너무 잘 알고 있었지만, 어조로 봐서 그녀를 설득할 수 있을 것 같았다.

내가 제안을 했다.

"그냥 사람들에게 질문하게 해요. 일단 신뢰만 얻으면, 질문이 수도 없이 쏟아질 거예요. 그건 당신한테 그리 어려운 일이 아니잖아요. 빨리 옷 갈아입어요. 금방 당신을 데리러 올 테니까요."

그녀는 방안을 둘러보았다.

"2인용 침대가 아니네요?"

"잉그릿, 미안해요. 오늘 밤 이 호텔에는 2인용 방이 없었어요. 그래서 당신을 위해 다른 방을 예약해 두었어요. 이 방 바로 건너편 방이에요."

아내는 아무 말도 하지 않았지만, 그 사실을 받아들이는 데 갈등을 느끼고 있음을 알 수 있었다.

"오히려 더 잘된 일일 수도 있어요. 모임이 끝나고 당신과 개인적으로 이야기하고 싶어하는 사람이 있을 경우에는 말이에요."

"좋아요. 상관없어요."

그러고 나서 아내는 준비하러 자기 방으로 갔다. 그러나 나는 아내를 너무도 잘 알고 있었다. 아내의 어조는 그것이 큰 상관이 있다는 것을 암시하고 있었다.

잉그릿이 떠난 후에 나는 설교 준비를 시작했다. 본문은 에베소서 5:21-33이었다.

"남편들아 아내 사랑하기를 그리스도께서 교회를 사랑하시고 위하여 자신을 주심같이 하라" 25절는 말씀이 요절이었다.

그리스도께서 교회를 어떻게 사랑하셨던가? 그리스도는 교회를 섬기셨다. 그리스도께서는 섬김을 받기 위해서가 아니라 섬기기 위해 오셨다. 그분은 자신을 비워 교회에 예속시키셨으며, 교회를 위해 자신을 주셨다.

이 말씀이, 모든 남편들이 환영하고 모든 아내들이 싫어하는 말씀에 새로운 빛을 비춰 주었다.

"아내들이여 자기 남편에게 복종하기를 주께 하듯 하라"21절. 즉 아내의 복종은 남편의 복종에 대한 반응으로서의 복종에 불과하다는 사실을 깨닫게 되었다.

"서로 복종하라."

그렇다. 그러나 어떻게? 누가 그런 균형을 이룬 적이 있단 말인가? 그것은 매일의 과제인 것 같았다.

전화벨이 다시 울렸다. 교환이었다. 그러나 이번에는 자신의 문제로 전화를 한 것이다.

"저에게 전화를 걸어도 된다고 하셨지요, 선생님!"

"네, 그랬어요. 당신의 문제는 뭐죠?"

"제 남편은 술을 너무 많이 마셔요."

"왜요?"

"모르겠어요."

"당신은 알아야 해요. 틀림없이 그의 생활 어딘가에 구멍이 났을 거예요."

"구멍이요?"

"네, 술주정뱅이들은 언제나 한 구멍을 채우려고 해요. 그것은 텅 빈 그릇과 같지요. 그의 생활 어딘가에 하나의 결함, 하나의 공백이 있음에 틀림없어요."

"전혀 모르겠어요."

"아이가 있나요?"

"네, 하나 있어요."

"아이가 몇 살이죠?"

"네 살이 되어가요."

"남편은 또 아이를 갖고 싶어하나요?"

"네, 하지만 그가 계속 술을 마시면 제가 일을 해야만 하고, 그래서 아이를 가질 여유가 없어요."

"그와 협상을 맺지 그러세요?"

"협상이라뇨?"

"네, 협상도 결혼 생활의 일환이랍니다. 술을 끊으면 아기를 하나 더 갖겠다고 약속하세요."

"고맙습니다, 선생님. 선생님의 말씀을 잊지 않겠어요."

"아, 그리고 당신에게 번호를 하나 더 알려 드리고 싶어요. 413이에요."

"숫자 하나가 빠졌어요. 이 도시 전화번호는 다 네 자리에요."

"도움이 필요할 때 언제든 걸 수 있는 번호예요. 혹시 성경을 가지고 있나요?"

"구할 수 있어요."

"그러면 도움이 필요할 때 빌립보서 4:13을 보세요. '내게 능력 주시는 자 안에서 내가 모든 것을 할 수 있느니라.'"

그녀는 아무 말도 없었다. 나는 전화를 끊었다. 또 충고를 하고 말았다! 나는 무능한 상담자이며, 형편 없는 남편에, 설교할 것이 없는 목사였다. 나는 빈 종이를 앞에 놓고 앉아 있었지만 한 줄도 쓰지 못했다. 첫날 저녁에 느꼈던 것과 똑같은 느낌이었다.

잉그릿이 교회에서 돌아왔을 때에도 여전히 한 글자도 쓰지 못하고 있었다. 차라리 아내와 함께 갈 걸 그랬다 싶었다.

"어땠어요?"

"분위기를 봐서는 아주 좋았어요. 다니엘 목사님이 나를 당신의 아내이며 세 아들과 두 딸의 어머니라고 소개하고, 원하는 것은 무엇이든 물어보라고 했어요. 하나님께서 창조하기를 부끄러워하지 않으신 것을 입밖에 내기 부끄러워하지 말라고 했죠. 정말 사람들은 부끄러워하지 않았어요. 질문이 홍수처럼 터져 나왔어요. 몇 시간이라도 계속할 수 있었을 거예요."

"어떤 질문들이었어요?"

"주로 여성들과 그들의 생리적 기능에 대한 것이었어요. 난소에서 일어나는 여성의 주기와 그것이 여자의 몸뿐 아니라 감정에도 변화를 가져온다고 설명하자, 한 남자가 일어나 이렇게 묻더군요. '제 아내가 이틀 동안 딴 사람 같은 것도 그 때문입니까?'

어떤 남자는 아내가 임신을 해서 때때로 비싸고 색다른 것을 찾을 때 어떻게 해야 하는지 알고 싶어했어요. 단순히 웃어 넘기고 말아야 하는지 아내에게 그것을 사다 주려고 애를 써야 하는지 말이에요."

"당신이 뭐라고 대답했을지 알겠어요. 우리가 카메룬에 있을 때 당신이 캐시를 임신해서 사과를 무척이나 먹고 싶어했던 이야기를 해줬을 테지요. 그리고 본보기로 당신의 남편이 유럽에서 오는 비행기를 만나려고 공항까지 가서 2파운드나 되는 비싼 사과를 사온 것을 이야기했겠지요……."

"네, 그리고……."

"그리고 그 사과를 생각할 때마다 당신의 마음은 나에 대한 사랑으로 녹아 버린다고……."

"그리고 내가 그렇게 이해심 많은 남편을 가진 것을 얼마나 감사하고 있는지도요!"

"당신이 말한 것을 상상할 수 있어요. 내가 거기 없었던 것이 참 다행이었네요. 그밖에 또 어떤 것을 물었어요?"

"사람들은 쌍둥이는 어떻게 생기며, 유산의 원인은 무엇이며, 임신했을 때 남편과 자도 괜찮은지, 왜 많은 여자들이 아이를 낳다 죽게 되는지 알고 싶어했어요."

"오, 자매님, 내가 아니라 당신이 거기 있었던 것이 참 다행이에요. 당신은 그 모든 질문에 대답할 수 있었어요?"

"다행히 수업용 차트를 가지고 있었어요. 아기를 어떻게 갖게 되는지 설명하기 위해 여성 생식기를 확대시킨 그림을 썼어요."

"그것을 걸어 놓았단 말이에요?"

"물론이죠. 목사님이 작은 스탠드 하나를 가지고 있어서 거기에 걸어 모두가 볼 수 있도록 강단 앞에 놓았어요."

"잉그릿, 당신도 알다시피, 내가 첫 번째 강의를 하기 전에 다니엘 목사님은 내게 '섹스'라는 말을 사용하지 말라고 경고했었어요. 그런데 당신은 강단 앞에 자궁을 걸어 놓았으니 참 많이 달라지지 않았나요?"

"사람들은 전혀 아무렇지도 않은 것 같았어요. 다만 내가 여성의 생식기관에 대해 설명하는 것을 통역하기 위해 사모님의 도움을 청해야 했어요. 사모님은 나중에 자기가 그것들을 모국어로 어떻게 표현했는지 말해 주었는데, 자궁을 '아기집', 난소를 '알들의 창고', 질을 '아기 낳는 길'이라고 설명했대요.

내가 임신과 자궁 속에서 아기가 어떻게 자라는지 설명하자, 한 나이 많은 남자가 일어났어요. 그는 손에 봉투를 하나 가지고 있었는데, 자기 속에 불처럼 타오르는 질문이 있다고 하더니 이렇게 묻는 거예요. '당신은 이 봉투를 뜯지 않고도 편지에 뭐라고 쓰여 있는지 읽을 수 있습니까?' 나는 읽을 수 없다고 했죠. 그러자 이렇게 묻더군요. '그러면 당신은 여자의 몸 속이 어떻게 생겼는지, 여자 뱃속에 무엇이 있는지 어떻게 알 수 있습니까?'"

"사람들이 당신의 말을 잘 받아들이는 것 같던가요?"

"대부분 그랬어요. 그러나 내가 젖먹이는 것에 대해 말할 때는 이해하기 어려운 듯했어요. 그 사람들은 젖먹이는 엄마가 섹스를 하게 되면 그녀의 젖은 못 먹게 되고 아기는 병이 나든지 죽기도 한다고 아주 확고하게 믿고 있었어요. 적어도 아이들이 걷기 시작할 때까지는 젖을 먹이기 때문에, 섹스는 아기를 낳은 지 1년 내지 2년 동안은 금지된다고 했어요."

"나도 그건 알고 있었어요. 아프리카에서는 어딜 가든지 그런 신념을 가지고 있더군요."

"나는 잘못된 생물학적 개념이 그렇게 엄청난 윤리적 결과를 낳을 수 있다고는 생각지도 못했어요. 부부가 아기를 낳고 2년 동안 성 관계를 못한다면 틀림없이 일부 다처가 되고 말 거예요."

"남편이 창녀를 찾아가 성병을 옮아 오기도 해요. 악순환이 시작되는 거죠. 나는 그것이 바로 이곳 선교사들이 실패한 점이라고 생각해요. 도덕을 설교하는 대신 사실을 알려 주어야만 했어요. 잉그릿, 당신에게 정말 감사하고 있어요. 당신은 훌륭한 동역자에요. 내일 당신이 내 설교를 좀 도와주면 어떨까요?"

"강단에서 말이에요? 안 돼요!"

"당신이 원한다면 강단 밑에 앉아 있어도 상관없어요. 하지만 당신이 설교의 한 부분으로서 제르다 어머니에 대한 이야기를 해주면 참 좋을 것 같아요."

"알겠어요. 그건 그렇고, 비행기 안에서 읽은 멋진 이야기를 당신과 나누고 싶어요."

"잉그릿, 제발 이해해 줘요. 지금은 안 돼요! 나는 아직 설교 준비를 하나도 하지 못했어요."

잉그릿은 망설였지만, 잠깐 동안뿐이었다.

"좋아요. 당신이 시간이 없어서 참 안타깝네요. 어쨌든 나도 가야 해요. 나를 기다리는 여성이 있어요. 미리암이라고 하더군요. 배란의 증세에 대해 설명할 때 굉장히 관심을 보였는데, 그것에 대해 좀더 묻고 싶어했어요. 결혼 후에 배란기를 아는 것은 너무 늦기 때문에 지금부터 자기의 주기에 익숙해지는 것이 좋죠."

"당신이 그 일을 하게 되어 참 기뻐요. 나는 할 수 없는 일이거든요. 그래서 동역자로서 당신이 필요한 거예요."

"내일 몇 시에 일어나야 해요?"

"늦어도 7시에는 일어나야 해요. 예배가 9시에 시작인데, 먼저 당신과 메시지를 검토하고 싶어요. 또 짐도 싸야 해요. 비행기 출발이 12시니 교회에서 곧장 공항으로 가야 할 거예요."

나는 잘 자라는 키스를 해주었고, 아내는 자기 방으로 갔다.

CHAPTER 9

결혼의 가장 큰 비밀

다음날 아침, 나는 6시에 일어나 두 개의 옷 가방을 쌌다. 7시 바로 직전에 잉그릿의 방으로 전화를 걸었다. 아내는 문을 열어 놓겠다고 했다. 나는 아내의 방으로 들어가 침대 옆에 앉았다. 아내는 눈을 감고 있었지만, 두 뺨이 눈물로 젖어 있었다.

"잉그릿, 무슨 일이에요? 어젯밤은 괜찮지 않았나요? 당신에게 잘자라는 키스를 할 때만 해도……."

"나는 그런 걸 키스라고 부르지 않아요. 형식적으로 살짝 입술만 댔을 뿐이죠. 그 후에 당신이 오기를 얼마나 바랐는데요."

"잉그릿, 나는 당신이 미리암과 이야기하고 있는 줄 알고 방해하고 싶지 않았어요. 게다가 설교 준비도 해야 했고요."

"바로 그거예요. 당신한테 설교보다 중요한 것은 없죠."

"하지만 나는 오늘 결혼에 대해 설교해야 하잖아요."

"당신이 뭘 이야기할지 궁금하네요. 당신은 여자를 이해하지 못해요. 결혼이 뭔지도 모르고요. 당신과 산다는 것이 얼마나 어려운 일인지 아세요? 때때로 나는 우리가 18년 동안 아무 진전도 없었다고 생각돼요."

나는 아무 말도 하지 못했다. 잉그릿은 계속했다.

"내가 당신에게 읽어 주고 싶었던 글을 들을 시간이 없다고 했을 때, 마치 당신이 나를 때린 것 같았어요. 그건 '나를 귀찮게 하지 마.'라는 말로 들렸어요. 밤새 나는 당신의 생활에서 다른 일들이나 다른 사람들이 나보다 더 중요하다고 믿고 싶을 정도로 갈등을 겪었어요. 그리고 아직도 나는 당신과 단 둘이 있고 싶다는 욕망을 억제할 수가 없어요."

"잉그릿, 당신은 전혀 감사하고 있지 않군요. 우리는 지금까지 놀라운 방법으로 인도를 받았어요. 오늘 아침, 우리에게 결혼에 대한 메시지를 듣기 위해 기다리는 사람들이 지금 교회에 꽉 차 있잖아요. 우리는 함께 여행할 수도 있고, 함께 일할 수도 있어요. 우리가 어떻게 결혼 생활을 시작했는지 기억해 봐요."

"네, 벽이 기울어진 조그만 다락방에 겨우 우리 두 사람이 설 수 있을 정도였지요. 부엌은 세면대 위에 놓인 전기 철판 하나였고요. 하지만 어젯밤에 나는 호화로운 호텔에서 방을 둘 쓰는 대신 옛날 그 방으로 돌아가 함께 있고 싶다고 계속 생각했어요."

"당신은 정말 감사하지 않는군요."

"아뇨, 나는 단순히 여자일 뿐이에요. 그것이 바로 당신이 이해하지 못하는 점이에요. 당신은 결혼에 대해 당신이 원하는 것은 무엇이나 쓸 수 있고 말할 수 있어도, 어떤 때는 가장 기본적인 것조차 모르는 것 같아요. 당신에게 나는 단지 동역자, 협력자, 자랑거리일 뿐, 당신의 아내는 아니에요."

나는 아내의 침대 옆에서 일어나 창가로 가서 아내에게 등을 돌린 채 밖을 내다보았다.

"그러나 잉그릿, 어쨌든 우리는 결혼하지 않았소. 우리는 함께……."

아내가 말을 가로막았다.

"네, 그래요. 우리는 함께 있어요. 그러나 항상 여행 중이죠. 그런 곳에선 결코 긴장을 풀 수가 없어요. 우리 가정의 보금자리에서 함께 있을 때는 거의 없잖아요."

"무슨 일에나 희생이 따르요."

"알아요. 만일 당신 사역에 열매가 있다면, 그것은 눈물과 고통의 대가가 치러졌기 때문일 거예요."

"그러나 당신은 지금 그것을 비통하게 말하고 있어요."

"미안해요. 그러나 내 감정은 마비되었어요. 기뻐할 기력이 없어요."

나는 계속 창 밖을 내다보고 있었다. 교회의 첨탑이 보였다. 지금쯤 종소리가 울리고 있을 것이고, 곧 우리를 데리러 올 것이다. 하지만 지금 내가 설교한다는 것은 불가능했다. 전할 메시지가 없었다. 항상 내가 가장 행복할 때 아내는 그렇게 모든 것을 찢어 버린다.

"지금 당신은 신부였더라면 얼마나 좋을까 생각하고 있죠?"

나는 휙 돌아섰다.

"그래요."

나는 내 목소리에 화를 감추려 하지 않았다.

" '일부일처제는 아주 흥미진진한 모험이 될 수 있습니다.' "

잉그릿이 말대꾸를 했다. 아내는 그것이 내 마음을 상하게 하리라는 것을 알고 있었다.

"당신이 에스더 사모라면 나는 어떤 말을 해야 할지 정확히 알 거예요. 그러나 내 아내이기 때문에 어찌할 수 없는 거예요."

"만일 당신이 다니엘 목사라면, 나 역시 당신에게 무슨 말을 해야 할지 알고 있어요. 그러나……."

말을 계속하는 대신 아내의 얼굴에 미소의 흔적이 스쳐갔다. 나는 다시 아내의 침대 옆에 앉았다. 몇 분이 흘렀다. 아무도 나의 장막을 칠 자가 없다고 생각했다. 이번 주는 승리의 일주일이었다. 모리스, 미리암, 다니엘, 화트마. 그런데 지금 나는 여기에 패배한 채로 있다. 누가 나의 장막을 치도록 도와줄 것인가?

드디어 전화벨 소리에 정적이 깨졌다.

"언제나 선생님을 모시러 오는 분이 오셨습니다."

모리스였다.

"제가 올라가 짐 싸는 것을 도와드릴까요?"

"모리스, 아직 준비가 안 됐어요. 아내가 아직 침대에 있답니다."

"어디가 편찮으신가요?"

"아뇨, 결국 그렇군요. 어떤 점에서는요."

"무슨 일이 있습니까?"

"우리의 장막이 무너졌어요."

"그렇다면……."

"그래요. 우리 결혼이 위기에 빠졌어요."

"농담이시군요. 결혼 상담자가 결혼의 위기라니요?"

"의사는 뭐 병에 안 걸리나요?"

"제가 무엇을 도와드릴 수 있을까요?"

"그냥 기다려 주세요. 참 커피와 빵을 주문해서 아내의 방으로 보내 주겠어요? 될 수 있는 대로 빨리 다시 전화할게요."

나는 전화를 끊었다. 모리스가 기도하리라는 것을 알고 있었다. 하나님께서는 전에도 나를 위해 그의 기도를 들어주셨다.

잉그릿은 이제 조용히 있었다. 나는 아내의 머리를 안았다.

"나는 내 사역을 당신과 나누고 싶지만, 그것은 더 어려운 일이에요. 만일 내가 '남편들아 그리스도께서 교회를 사랑하신 것같이 네 아내를 사랑하라'고 설교하지 않을 수만 있다면!"

잉그릿은 미소를 지으려고 애썼다.

"'우리 장막이 무너졌어요.'라는 말은 무슨 뜻이에요?"

"내 강의를 들으러 왔던 화트마라는 여자가 결혼의 삼각형을 보더니 그것이 장막을 연상시킨다고 했어요."

잉그릿이 곰곰이 생각하면서 말했다.

"장막! 참 좋은 표현이네요. 모든 여자가 다 이해할 수 있는 묘사예요. 그렇게 생각하니 당신의 뾰족한 각이 있는 아주 모난 삼각형이 받아들여지는군요."

"당신이 그 표현을 좋아할 줄 알았어요."

"옛날에 단 둘이 캠핑 갔을 때 밤중에 비가 와서 텐트가 무너졌던 것 기억해요?"

"물론, 기억하고 있어요. 장대가 부러져서 폭풍우가 몰아치는 동안 우리는 단지 텐트만 덮고 밤을 새야 했지요."

"맞아요. 장막은 무너졌지만, 우리는 비록 무너진 장막이라도 계속 덮고 있었어요."

"지금은요? 지금도 역시 덮고 있잖아요."

대답 대신 잉그릿은 이렇게 말했다.

"이것 보세요, 월터. 그게 바로 지난 밤 내가 당신에게 바랐던 것이었어요. 내 방에 와서 나를 담요로 덮어 주는 것 말이에요."

나는 안도의 한숨을 내쉬었지만 여전히 마음이 무거웠다.

"글쎄, 잉그릿, 나는 편안하고 즐거운 마음으로 그렇게 할 수도 있었을 거예요. 그러나 내게 불안과 두려움을 느끼게 하는 것은, 바로 당신이 우리의 결혼과 일과 메시지와 사역, 이 모든 것이 하나의 작은 행동에 달려 있다고 생각하는 것이에요."

"그것은 나에게 작은 행동이 아니에요. 의미 심장한 것이죠. 그것으로 인해 나는 당신의 사랑 안에서 안전하게 보호되고 있다고 느끼니까요."

그때 여종업원이 잉그릿의 아침을 가져왔다.

"모리스라는 사람은 누구예요?"

커피를 마시면서 잉그릿이 물었다.

"건축회사에 다니는 젊은이에요. 심리학자도 아니고 신학자도 아니죠. 게다가 아직 총각이에요. 그를 불러서 우리의 중재자로 삼을까요? 아주 지혜롭거든요."

"저는 좋아요."

놀랍게도 잉그릿이 찬성했다. 그것은 우리 두 사람에게 상당히 큰 진전이었다. 아프리카 사람들의 결혼 문제를 도와주기 위해 유럽에서 여기까지 와서는, 아프리카 사람에게 우리를 도와 달라고 요청하다니! 하지만 남에게 도움을 받는 것은 남을 도와주는 방법을 배우는 유일한 길은 아닐지라도 가장 좋은 길이다.

모리스는 즉시 왔다. 그는 우리를 호기심에 찬 눈으로 바라보았다. 그는 어쩌면 다른 장면을 기대했을지도 모른다. 우리의 모습은 그렇게 심각한 위기같이 보이지는 않았을 것이다. 잉그릿과 나는 의자에 함께 앉아 손을 잡고 있었다.

모리스는 의자에 앉아 아무 말도 하지 않았다. 무슨 말을 해야 할지 모르는 것이 분명했다. 내가 먼저 시작했다.

"어젯밤에 나는 다른 남편들에게는 하지 말라고 충고한 모든 실수를 저질렀답니다. 내 일에 관해서만 이야기했고, 아내에게 교회에서 설교를 하라고 했고, 오늘 아침에 할 것도 준비하라고 했어요. 아마 잘 자라는 키스도 잊어버린 모양이에요."

"그리고 사랑한다는 말도 하지 않았어요."

"맞아요. 나는 아내에게 사랑한다는 말도 하지 않았고 담요로 덮어 주지도 않았답니다."

"이이가 어젯밤 마지막으로 한 말은 7시에 일어나 교회 가기 전에 짐을 다 싸 놓아야 한다는 것이었어요."

잉그릿은 드디어 미소를 지으며 이야기를 계속했다.

"그리고 내가 읽어 주고 싶은 것이 있다고 했는데 들을 시간이 없다고 했어요."

"맞아요. 그 대신 나는 남편들이 어떻게 자기 아내를 사랑해야 되는가에 대한 설교를 준비했죠."

"잘 알겠지만, 남편에게는 모든 사람을 위한 시간은 있어도 아내인 나를 위한 시간은 없다는 것에 화가 났답니다. 누구나, 심지어는 전화 교환원도 남편과 이야기할 수 있는데 말이에요."

모리스는 당황했다. 그러더니 '교환원'이라는 말을 끄집어내어 가능한 한 친절하게 잉그릿에게 말했다.

"저는 아래층에서 기다리는 동안 교환원과 이야기 했어요. 목사님이 어젯밤 결혼이란 때때로 아주 어려운 협상이라고 말씀하셨다더군요. 목사님과 협상을 하시지 그러세요? 먼저 사모님이 함께 나누고 싶었던 글을 읽어 주시고 나서, 목사님이 하고 싶은 말씀을 하시게 하는 거예요."

더 이상 말할 필요도 없이 잉그릿은 탁자 위에 있는 작은 책을 집어들었다. 스위스의 한 출판사에서 출판한 책이었는데, 독일 작가 크롤로우가 쓴 "부드러움 tenderness"에 대한 수필이 실려 있었다. 아내는 자기가 밑줄을 그어 놓은 구절을 읽었다.

부드러움이란 잠자는 동안의 맥박 소리보다 더 가냘픈 심장의 피아니시모다. 부드러움은 결코 잠들지 않기 때문이다. 그것은 늘 깨어 있어서, 정오의 빛에도 나타나고 한밤중의 검은 물결로 뛰어든다. 그것은 늘 멈추지 않으며 아름다워서, 우리는 거기에 우리의 가장 깊은 감정을 기꺼이 위탁할 수 있다…….[1]

나는 아내를 바라보았다. 아내는 사랑스러웠다. 그래서 아내는 나와 나누고 싶어했구나! 이제야 나는 아내를 이해했다.

---

1) "Zärtlichkeit", *Ferment Jahrbuch*, 1969, Pallottiner Verlag, Gossau, Switzerland.

"이제 목사님이 사모님에게 원하는 것을 말씀하실 차례예요."

모리스는 중재자 역할을 잘했다. 나도 준비되어 있었다.

"나는 아내가 오늘 아침 교회에서 제르다 어머니에 대한 메시지를 전해 주었으면 해요."

잉그릿은 동의했다.

"나는 지금 우리 장막을 다시 세울 기력이 없어요. 그러나 하나님의 장막 안으로 기어 들어갈 수 있고, 하나님께서는 나에게 필요한 보금자리를 주실 거예요."

그때 모리스가 말했다.

"벌써 9시예요. 사모님을 기다릴 시간이 없어요. 설교 시간에 겨우 맞출 수 있을 것 같은데요."

"모리스, 나를 먼저 데려다 줘요. 그런 다음에 다시 돌아와 우리 짐을 차에 싣고, 잉그릿을 데려다 줘요. 나는 아내가 올 때까지 설교하고 나서 아내에게 나머지 시간을 인계할 테니까."

차를 타고 가는 동안 모리스는 아직도 물어볼 것이 남아 있는데 예배가 끝나고 공항으로 가는 길에 묻겠다고 했다.

우리가 교회로 들어갔을 때 회중은 벌써 설교 전 찬송가를 부르고 있었다. 좌석은 여전히 꽉 차 있었지만, 저녁 강의와는 다른 분위기였다. 사람들은 엄숙한 얼굴로 꼿꼿하게 앉아 있었다. 이것이 그들의 예배였다. 그들은 하나님 앞에 설 준비가 되어 있었고, 하나님 말씀을 들을 준비가 되어 있었다.

우리는 곧장 강단으로 나갔다. 벨벳 융단처럼 검은 머리들을 내려다보면서, 첫날 밤과는 얼마나 다른가 하고 생각했다. 마치 우리가 대가족이 된 것처럼 나와 회중을 묶어 주는 어떤 힘이 느껴졌다. 마치 수백 개의 빈손들이 채워지기를 기다리면서 들려 있는 것같이 열려 있는 분위기였다.

나는 전보다 더 빈약했다. 그러나 무언가를 가진 듯한 느낌이 들었다. 나는 하나의 메시지를 가지고 있었고, 그 메시지가 나를 지탱해 주고 있었다. 에베소서 5:25-32까지만 인용하기로 하고, 바울의 메시지를 읽었다.

남편들아 아내 사랑하기를 그리스도께서 교회를 사랑하시고 위하여 자신을 주심같이 하라 이는 곧 물로 씻어 말씀으로 깨끗하게 하사 거룩하게 하시고 자기 앞에 영광스러운 교회로 세우사 티나 주름 잡힌 것이나 이런 것들이 없이 거룩하고 흠이 없게 하려 하심이니라 이와 같이 남편들도 자기 아내 사랑하기를 제 몸 같이 할지니 자기 아내를 사랑하는 자는 자기를 사랑하는 것이라 누구든지 언제든지 제 육체를 미워하지 않고 오직 양육하여 보호하기를 그리스도께서 교회를 보양함과 같이 하나니 우리는 그 몸의 지체임이니라 이러므로 사람이 부모를 떠나 그 아내와 합하여 그 둘이 한 육체가 될지니 이 비밀이 크도다 내가 그리스도와 교회에 대하여 말하노라 다니엘은 이 말씀을 자기 나라 말로 읽고 나서, 내 설교를 한 문장 한 문장 조용하고 순조롭게 통역했다. 마치 우리가 한 입으로 말하고 있는 것 같았다.

"지난 사흘 동안 우리는 결혼의 삼각형, 즉 떠나는 것, 연합하는 것, 한 몸을 이루는 것에 대해 살펴보았습니다. 제가 읽은 이 본문에서 사도 바울은 그 삼각형에 새로운 차원을 부가했습니다. 그는 '이 비밀이 크도다'라고 말했습니다.

그 말은 본문 중간에 나옵니다. 즉 그것은 앞의 구절에 대한 언급인 동시에 다음 구절을 가리키는 것입니다.

바울은 사람이 부모를 떠날 때 그 비밀이 크다고 했습니다. 그 아내와 연합할 때 그 비밀이 크다고 했습니다. 또 그 둘이 하나가 될 때 그 비밀이 크다고 했습니다.

사실 그렇습니다. 이번 주에는 우리 모두가 감동되었습니다. 우리는 이 비밀의 깊이에 감동되었습니다. 하나님 말씀의 능력에 감동되었습니다. 우리가 공부한 성경 말씀은 마치 우리 가운데 바위를 산산조각 내는 망치와도 같았습니다. 그것은 우리 모두에게 새로운 희망을 주었습니다."

화트마와 미리암과 에스더가 여자 자리에 함께 앉아 있었다. 나는 그들을 잠깐 쳐다볼 수밖에 없었다. 세 사람의 얼굴에는 기쁨의 흔적이 있었다. 에스더의 얼굴에는 새로운 비전과 새로운 깊이가, 미리암의 얼굴에는 확신과 결의가, 화트마의 얼굴에는 치유받은 흔적이 있었다.

"실로, 이 비밀은 큽니다. 바울은 계속해서 이렇게 말했습니다. '내가 그리스도와 교회에 대하여 말하노라.'

바울은 말합니다. 사람이 부모를 떠나 - 내가 그리스도에 대하여 말하노라. 그 아내와 합하여 - 내가 그리스도에 대하여 말하노라. 그 둘이 한 육체가 될지니 - 내가 그리스도에 대하여 말하노라."

나는 나무로 만든 삼각형을 다시 꺼냈다.

"다른 말로 하면, 이 삼각형의 가장 깊은 비밀은 바로 예수 그리스도 자신입니다. 내가 여러분에게 삼각형 떠나고, 연합하고, 한 몸을 이루는 것을 결혼의 지침으로 제시했을 때, 나는 예수 그리스도 외에는 다른 어떤 것도, 다른 어떤 사람도 제시하지 않은 것입니다.

사람이 아버지를 떠나 - 나는 그리스도에 대해 말합니다

"그리스도께서는 우리를 사랑하시기 때문에 성탄절에 아버지를 떠나셨습니다. 그분은 사람이 되셨습니다. 말구유에 누인 아기가 되신 것입니다. 그분은 하나님과 동등됨을 취하지 않으셨습니다. 자신을 비우셨습니다. 자신을 겸손히 낮추셨습니다. 십자가 위에서 죽음에 이르기까지 순종하셨습니다."

사람이 어머니를 떠나 - 나는 그리스도에 대해 말합니다

"그리스도께서는 우리를 사랑하시기 때문에 성 금요일에 그의 어머니를 떠나셨습니다. 그분은 십자가 위에서 어머니에게 다른 아들을 주셨습니다요 19:26-27."

사람이 그 아내와 합하여 – 나는 그리스도에 대해 말합니다

"그리스도는 우리를 사랑하시기 때문에, 교회이며 그분의 신부인 우리와 연합하셨습니다. 충실하게, 떨어질 수 없도록 우리와 연합하신 것입니다. 성경은 그리스도와 교회의 연합을 결혼으로 설명하고 있습니다. '어린양의 혼인 기약이 이르렀고 그 아내가 예비하였으니' 계 19:7. '내가 보매 거룩한 성……그 예비한 것이 신부가 남편을 위하여 단장한 것 같더라' 계 21:2.

결혼 생활에는 위기가 있기 마련입니다. 교회는 때때로 까다로운 아내가 됩니다. 우리는 감사치 아니하며, 불순종하며, 그리스도께 충실하지 않습니다. 예수님은 라오디게아 교회에 이렇게 말씀하셨습니다. '네가 이같이 미지근하여 더웁지도 아니하고 차지도 아니하니 내 입에서 너를 토하여 내치리라' 계 3:16. 진정한 사랑은 심한 말도 주저하지 않습니다. 그러나 그리스도께서는 비록 교회를 보아서는 몇 번이고 그래야 마땅하지만 결코 교회를 떠나지 않으십니다. 그리스도께서는 결코 문밖보다 멀리 가지 않으십니다. '볼지어다 내가 문밖에 서서 두드리노니' 계 3:20.

'남편들아 아내 사랑하기를 그리스도께서 교회를 사랑하시고 위하여 자신을 주심같이 하라.'

그리스도께서는 항상 용서하실 준비가 되어 있습니다. 그분은 교회를 거룩하게 하셨습니다. 깨끗하게 하셨습니다. 씻기셨습니다. 마치 노예가 주인의 발을 씻기듯이 말입니다. 그리스도께서는 교회가 영광 중에 나타나게 하셨습니다. 티나 주름 잡힌 것이나 흠이 없게 하셨습니다. 그리스도와 교회 사이에 이혼이란 있을 수 없습니다. 그리스도께서는 교회를 위해 자신을 주셨습니다. 그 순종치 않고 까다로운 아내를 위해 자신을 주신 것입니다.

'남편들아 아내 사랑하기를 그리스도께서 교회를 사랑하심같이 하라.'

바울은 '둘이 한 육체가 될지니'라고 말할 때 그리스도를 언급한 것이기 때문에, 우리는 '아내들아 남편 사랑하기를 그리스도께서 교회를 사랑하심같이 하라'고도 말할 수 있습니다. 두 사람이 그리스도 안에서 하나이기 때문입니다.

그 둘이 한 육체가 될지니 – 나는 그리스도에 대해 말합니다

"그리스도께서는 우리를 사랑하시기 때문에, 머리와 몸이 하나인 것처럼 우리와 하나가 되셨습니다. 그리스도께서는 우리와 모든 것을 나누셨습니다.

우리의 것은 무엇이든지 그리스도의 것이 됩니다. 우리의 가난은 그분의 가난이 됩니다. 우리의 두려움은 그분의 두려움이 됩니다. 우리의 고통은 그분의 고통이 됩니다. 우리의 죄악은 그분의 죄악이 됩니다. 우리의 형벌은 그분의 형벌이 됩니다. 우리의 죽음은 그분의 죽음이 됩니다.

또한 그리스도의 것은 무엇이든지 우리의 것이 됩니다. 그분의 부유함은 우리의 부유함이 됩니다. 그분의 평안은 우리의 평안이 됩니다. 그분의 기쁨은 우리의 기쁨이 됩니다. 그분의 용서는 우리의 용서가 됩니다. 그분의 무죄는 우리의 무죄가 됩니다. 그분의 생명은 우리의 생명이 됩니다.

그리스도께서는 아주 구체적인 의미에서 우리와 한 몸을 이루시며, 성만찬을 통해 육체적으로 우리의 일부분이 되십니다.

결혼의 삼각형은 예수 그리스도를 가리키는 것이며, 그리스도께서 우리를 위해 이루신 일을 밝히 드러내는 것입니다. 지난 며칠 동안 여러분에게 결혼에 대해 이야기했습니다. 그러나 깊은 의미에서는 그리스도에 대해 말씀드린 것입니다. 바울은 고린도전서 2:2에서 이를 잘 표현했습니다.

'내가 너희 중에서 예수 그리스도와 그의 십자가에 못 박히신 것 외에는 아무것도 알지 아니하기로 작정하였음이라.'"

다니엘의 목소리는 점점 열기를 더해 갔다. 그가 통역 한마디 한마디에 혼신의 힘을 쏟고 있는 것을 느낄 수 있었다. 마치 내가 말하려는 내용을 미리 예상하고 내가 입 밖에 내기도 전에 그 말을 내 입에서 끄집어내는 듯했다. 그는 온 마음을 다해 회중이 이 메시지를 귀담아 듣기를 바라고 있었다.

"여러분은 우리 부부가 결혼에 대해 말한 것을 모두 잊어버릴 수도 있습니다. 그러나 제발 이것만은 잊지 마십시오.

그리스도는 여러분을 위해, 여러분을 사랑하시기 때문에, 여러분을 개인적으로 사랑하시기 때문에 아버지를 떠나셨습니다.

그리스도는 여러분을 위해, 여러분을 사랑하시기 때문에, 여러분 모두를 사랑하시기 때문에 어머니를 떠나셨습니다.

그리스도는 여러분을 사랑하시기 때문에, 여러분이 그분에게 연합하지 않음에도 불구하고 여러분을 사랑하시기 때문에 여러분과 연합하기를 원하십니다.

그리스도는 여러분을 사랑하시기 때문에, 여러분을 영원히 사랑하시기 때문에 가장 친밀하고 개인적인 방법으로 여러분과 한 몸이 되기를 원하십니다."

교회는 너무도 조용했다. 갑자기 예기치 않았던 일이 일어났다. 맨 앞줄에 앉아 있던 한 남자가 일어나더니 큰소리로 찬송을 부르기 시작하자 어느새 모든 회중이 합세해 마음속 가장 깊은 곳에서 우러나오는 찬송을 불렀다. 나는 다니엘을 쳐다보았다.

"이것은 목사님의 메시지를 기뻐한다는 뜻입니다. 이 사람들은 기쁨을 표현해야만 한답니다. 동시에 목사님이 새로운 힘으로 설교를 계속할 수 있도록 잠깐 쉬게 해드리는 것입니다."

나는 이처럼 배려 깊은 청중에게 설교해 본 일이 없었다.

"지금 어떤 찬송을 부르는 것입니까?"

"하나님의 사랑을 찬양하고 있습니다."

사람들이 찬송을 다 마친 뒤에 마음속으로 특별히 화트마의 필요를 채워 줄 말을 하게 해주시라고 기도하면서 다시 시작했다.

"여러분 가운데 한 사람은 결혼의 삼각형에서 장막을 보았습니다. 그것은 저에게 결혼의 신비에 대한 새로운 통찰을 주었습니다. 이 땅이 사라진 뒤에, 우리 눈에서 모든 눈물이 씻겨진 뒤에, 성경은 새로운 창조를 묘사하고 있습니다. 그 후에 하나님과 그 백성들은 결혼한 부부가 한 장막에 사는 것처럼 친밀하게 살게 될 것입니다. '보라 하나님의 장막이 사람들과 함께 있으매 하나님이 저희와 함께 거하시리니' 계 21:3.

그러나 그날이 오기 전에는 예수님이 우리 가운데에서 하나님의 장막, 곧 세 기둥 떠남, 연합, 한 몸을 이루는 것을 가진 장막이 되십니다. 그러므로 장막의 메시지는 결혼한 사람들만을 위한 것이 아닙니다. 그리스도 안에서는 결혼하지 않은 사람들도 모두 하나님의 장막 안에 포함되는 것입니다. 예수 그리스도께서는 그 사람들을 위해서도 부모를 떠나셨고, 그들과도 연합하셨으며, 그들과도 한 몸을 이루셨기 때문입니다.

그리스도 안에서 그들도 목적과 성취, 자유와 기쁨을 얻을 수 있습니다. 그리스도 안에서 그들의 장소, 그들의 장막을 발견하는 것입니다. 예수 그리스도께서 이 세상에 오셨기 때문에 장막이 없는 사람은 아무도 없습니다."

그 순간 교회 뒤쪽에 있는 문이 열리면서 잉그릿과 모리스가 들어왔다. 나는 잠깐 쉬었다가 말했다.

"제 아내에게 한 가지 이야기를 부탁해도 될까요?"

사람들은 모두 기꺼이 동의를 표했다.

"잉그릿, 하나님의 장막 아래 거하는 결혼의 한 본보기로서 제르다 어머니에 대한 이야기를 들려주세요."

다니엘이 잉그릿의 말을 통역하도록 에스더에게 손짓했다. 나는 잉그릿이 자신을 되찾았음을 느낄 수 있었다. 아내의 얼굴에서는 잠 못 이룬 밤과 눈물의 흔적을 찾아볼 수 없었다. 두 눈은 청중을 똑바로 바라보고 있었고, 그들을 사로잡고 있었다. 아내는 골짜기를 통과했고, 그 순간 그것은 아내에게 특별한 권위를 부여하는 것 같았다. 잉그릿이 이야기를 시작했다.

"우리 결혼식 주례를 맡아 주신 목사님은 결혼한 지 30년 만에 아내가 병이 들었습니다. 뇌에 종양이 생긴 것이었습니다. 병으로 인해 그녀는 때때로 명확하게 생각하지 못했습니다. 집에서 멀리 떠나 버리고 싶다는 이상한 욕망이 생겨나 남편이 하루 종일 그녀를 지키고 있어야 했습니다.

병이 악화되면서 그녀는 말하는 것도, 걷는 것도 힘들어졌습니다. 남편이 모든 것을 도와주어야만 했습니다. 밥을 먹여 주어야 했고, 세수를 시켜 주어야 했고, 옷도 입혀 주어야 했습니다. 그런 상태가 15년이나 계속되었습니다."

놀람과 동정의 표현들이 교회 안을 휩쓸고 있었다.

"친구들이 불치병 환자를 위한 요양소나 병원으로 아내를 보내라고 할 때마다 목사님의 대답은 한결같았습니다. '그녀는 나의 아내이며, 일곱 아이들의 어머니입니다. 아내를 그런 요양소나 병원으로 보낼 수는 없습니다.'

그녀가 죽기 직전에 그녀를 방문했는데, 그녀는 그날 아주 조금 이야기할 수 있었습니다. 그녀가 나에게 해준 말은 이것이었습니다. '잉그릿, 당신과 월터가 결혼에 대해 이야기할 때마다, 내 남편은 내가 신부였을 때와 똑같이 지금도 나를 사랑한다는 사실을 사람들에게 말해 주었으면 해요.'"

마지막 말에 청중은 깊은 침묵으로 반응했다. 잉그릿과 에스더는 맨 앞자리에 가서 앉았다. 잠시 후 나는 강단에서 이야기를 계속했다.

"이것이 바로 그리스도의 교회에 대한 사랑을 반영한 사랑입니다. 그리스도의 사랑을 바라볼 때, 하나님께서 남편과 아내가 어떻게 살기를 원하시는지 볼 수 있습니다. 남편과 아내가 하나님의 뜻에 따라 함께 살 때, 그들의 결혼은 그리스도의 사랑을 반영하는 거울이 됩니다. 마르틴 루터는 이렇게 말했습니다. '결혼은 우리를 믿음으로 이끕니다.' 아멘."

나는 강단에서 내려와 아내 옆에 앉았다. 다니엘은 주기도문과 찬송과 축도로 예배를 끝마쳤다. 이제 우리는 사람들과 악수할 시간밖에 없었다. 서둘러 공항으로 가야 했다.

모리스가 우리를 태워다 주겠다고 했지만, 다니엘은 자기 차에 타야 한다고 고집했다. 결국 우리는 에스더와 다니엘 차에 타고, 모리스는 디모데와 미리암과 화트마를 태우기로 했다. 놀랍게도 엄마를 따라 교회에 왔던 세 살짜리 다니엘의 아들이 화트마와 함께 타고 싶어했다. 헤어질 수 없는 친구가 된 것이다.

다니엘의 차에 올라 잉그릿과 함께 뒷좌석에 앉았을 때 화트마가 창문을 두드렸다. 문을 열자 그녀는 두껍게 봉한 봉투 하나를 건네 주었다.

"헤어지기 전에 그것을 읽어 주세요."

나는 편지를 잉그릿에게 먼저 건네 주었다.

"내가 듣지 못한 설교는 어땠어요?"

아내는 봉투를 뜯으면서 다니엘에게 물었다. 그녀는 분명히 속에 든 편지가 중요한 것이라고는 생각지 않는 것 같았다.

"저에게는 말이에요."

다니엘이 시동을 걸면서 대답했다.

"영적인 면을 뺀 결혼 상담은 결혼의 진정한 성격을 이해하지 못한 것이기 때문에 불충분하다는 의미로 들렸어요."

그러고 나서 그는 나에게 말했다.

"목사님이 더 오래 머물 수 없는 것이 너무 아쉬워요."

"저 역시 유감이에요. 우리도 좀더 오래 머무를 수 있다면 좋겠어요. 그러나 당장 오늘 저녁부터 시작해 열흘 동안 일정이 잡혀 있어요. 50여 명의 부부가 참석할 예정인데, 우리는 매일 아침과 오후에 강의를 해야 하죠. 여기서 보낸 나흘은 목사님의 초대 편지를 받은 뒤에 일정에 겨우 끼워 넣은 것이에요. 아이들 때문에 더 일찍 떠날 수도 없었어요. 우리가 가정 생활 강의를 하기 때문에 우리 일 때문에 아이들이 고통을 당한다면 그것처럼 모순되는 일도 없을 거예요."

에스더가 말했다.

"이해할 수 있어요. 아이들에게 엄마, 아빠를 보내 주어서 고맙다고 전해 주세요."

"그렇게 하겠어요."

문득 나는 잉그릿이 우리의 대화를 듣고 있지 않다는 것을 알았다. 그녀의 얼굴을 보자, 지금 읽고 있는 편지 내용에 깊은 감동을 받았음을 알 수 있었다. 말없이 그녀는 나에게 첫 페이지를 넘겨 주었다. 그때부터 우리는 공항에 도착할 때까지 더 이상 아무 말도 하지 않았다. 화트마는 우리와 하나님 앞에서 자신의 과거를 낱낱이 드러냈다. 편지는 이렇게 시작되었다.

지난 며칠 동안 저는 생전 처음으로 제 생활을 하나님의 관점에서 살펴보았습니다. 저는 이제 제가 행한 모든 것이 잘못되었음을, 완전히 잘못되었다는 것을 알았습니다. 저는 하나님을 잊고 있었어요. 저는 저의 길로 갔습니다. 제 생활에서 가장 중요한 것은 하나님이 아니라 저 자신이었어요. 그래서 저의 모든 삶은 엉망이었습니다.

그 다음에 그녀의 생활이 자세하게 묘사되어 있었다. 내가 생각한 대로였다. 그녀는 끊임없이 한 장소를 찾아 헤매었고, 늘 그것을 찾지 못했다.

그녀의 아버지가 최초의 구혼자와 결혼하는 것을 반대하자 그녀는 그 남자와 함께 멀리 도망쳐 버렸다. 아버지는 계속 돌아오라고 했지만 그녀는 고집스럽게 거부했다. 그 남자에 대한 그녀의 법적 상태는 불분명했다. 그녀는 그것을 이런 식으로 썼다.

저는 하나님 없이 저 스스로 그와 결혼했습니다.

그녀는 그 남자와 몇 달 동거한 뒤에, 그에게 아이와 다른 부인이 있다는 사실을 알았다. 하지만 그녀는 이미 임신 중이었고 그와 감히 헤어질 수도 없었다. 그 다음 단락은 그야말로 지옥과 같은 결혼 생활의 한 본보기였다. 불신, 말다툼, 횡포, 불성실……하나도 빠진 것이 없었다.

저는 술을 마시기 시작했고, 주술사와 점쟁이들을 찾아가기도 했습니다.

결국 그 남자와 헤어졌지만, 그녀가 낳은 아들은 그가 맡았다. 그녀는 항상 한 장소를 찾아 이 마을 저 마을, 이 도시 저 도시 전전하다가 지금의 도시까지 오게 되었다. 그녀는 존이 자신을 받아들이기 전에 동거했던 남자들을 다 기억조차 하지 못했다. 편지는 이렇게 끝났다.

저는 그 남자들을 원망하지 않습니다. 모든 잘못은 제게 있다고 생각해요. 의식적으로 저는 하나님의 모든 계명을 어겼습니다. 부모에게 불순종했고, 그들을 속였습니다. 저는 간음자이며 살인자입니다. 저는 제 아기를 죽였고, 저 자신도 죽이려 했습니다. 저는 하나님의 징계를 받아야 마땅하다고 생각합니다. 그러나 저는 하나님께 용서를 빕니다. 저 혼자의 힘으로는 자유로워질 수 없습니다. 그러나 그리스도께서 저를 위해서도 돌아가셨다는 것을 믿기 때문에, 그리스도를 위해 살 수 있습니다. 저는 새 출발을 하고 싶습니다. 제발 제가 장막을 세울 수 있도록 도와주십시오.

화트마의 편지를 다 읽었을 무렵 공항에 도착했다. 모리스는 우리보다 먼저 와 있었다. 미리암은 근무시간이었기 때문에 벌써 비행장 안에 들어가 있었다. 화트마는 모리스와 디모데 사이에 서 있다가 우리를 보자 좀 당황해 하면서 머리를 돌렸다.

다니엘이 모리스의 차 옆에 차를 세웠다. 잉그릿은 차에서 내려 친자매를 대하듯이 화트마를 따뜻하게 끌어안았다. 그러자 화트마는 울음을 터뜨리며 잉그릿의 어깨에 머리를 파묻었다.

"시간이 얼마나 남았죠?"

내가 다니엘에게 물었다.

"벌써 11시예요. 30분쯤 후에 안내 방송이 나올 겁니다."

"좋아요. 우리가 여기 머무는 마지막 순간까지 팀워크를 발휘해 봅시다. 여기 비행기 표가 있어요. 모리스와 디모데가 우리의 큰 여행가방을 검사받을 수 있겠죠? 그리고 목사님 부부는 우리 짐을 좀 들고 있다가 우리가 문으로 나갈 때 주세요."

다른 사람들이 짐을 가지고 카운터로 가는 동안, 잉그릿과 나는 화트마를 데리고 대기실로 갔다. 그곳은 사람들로 꽉 차서 굉장히 시끄러웠다. 다행히 세 개의 의자가 나란히 남아 있었다.

"목사님, 충격받으셨죠?"

화트마가 말했다.

"아니오, 저는 행복하답니다."

"행복하다니요?"

"죄인 하나가 회개하면 천국에는 큰 기쁨이 있기 때문이지요."

화트마는 우리가 자기를 정죄하지 않는다는 것을 알고는 안심하는 것 같았다.

"제가 용서받을 수 있다고 생각하세요?"

"그럼요. 그러나 먼저 당신은 그 편지를 우리에게가 아니라 하나님께 썼다는 사실을 깨달으셔야 해요. 우리는 단지 당신의 증인일 뿐이지요."

"네, 저도 그렇게 알고 있어요."

"기꺼이 우리의 용서를 하나님의 용서로 받아들이겠어요?"

"네, 그렇게 하겠어요."

"그러면 편지 마지막 부분을 다시 읽어 보세요."

나는 그녀에게 봉투를 건네 주었고 그녀는 자기 무릎 위에 편지를 펼쳐 놓았다. 그녀는 약간 큰 목소리로 한마디 한마디를 명확하게 발음하며 읽었다.

"……저는 하나님의 모든 계명을 어겼습니다. 부모에게 불순종했고, 그들을 속였습니다. 저는 간음자이며 살인자입니다. 저는 제 아기를 죽였고……."

목이 메어 목소리가 막혀 버렸다. 그녀는 온몸을 떨며 흐느꼈다.
"제가 생명을 죽였다는 것을 이해하시겠어요?"

그녀가 소리쳤다.

"누가 뭐라고 하든 간에 낙태는 살인이에요. 그걸 어떻게 다시 돌이킬 수 있겠어요?"

잉그릿은 화트마의 어깨에 왼팔을 두른 채 말했다.

"화트마, 우리가 결코 돌이킬 수 없는 일들이 있어요. 우리는 단지 그것들을 십자가 밑에 내려놓을 수 있을 뿐이지요."

그 말에 화트마는 진정하고 계속 읽을 수 있었다.

저는……저 자신도 죽이려 했습니다. 저는 하나님의 징계를 받아야 마땅하다고 생각합니다. 그러나 저는 하나님께 용서를 빕니다. 저 혼자의 힘으로는 자유로워질 수 없습니다. 그러나 그리스도께서 저를 위해서도 돌아가셨다는 것을 믿기 때문에, 그리스도를 위해 살 수 있습니다. 저는 새 출발을 하고 싶습니다. 제발 제가 장막을 세울 수 있도록 도와주십시오.

화트마는 편지를 다시 봉투에 집어 넣었다. 그녀는 그것을 무릎 위에 놓고 그 위에 두 손을 모았다. 그리고 두 눈을 감고 머리를 가볍게 숙였다. 그녀가 기도하고 있다는 것을 알 수 있었다.

그것은 묘한 광경이었다. 사람들이 몰려 지나갔다. 어떤 사람들은 이상하다는 듯이 우리를 쳐다보았다. 확성기에서는 계속 도착하는 비행기와 떠나는 비행기를 알리고 있었다.

그러나 우리는 우리 주위에 있는 모든 것을 잊고 있었다. 우리는 하나님의 임재 가운데 있었다. 하나님은 교회 안에만 계신 것이 아니었다. 하나님은 공항에도 계셨다.

나는 화트마의 모은 손 위에 왼손을 올려놓았고, 잉그릿은 왼팔로 화트마의 어깨를 보호하듯이 안은 채 오른손을 내 손 위에 얹었다.

내가 기도했다.

"주님, 주님께서 저의 모든 죄를 용서해 주시고, 지금 제가 받은 것을 전할 수 있게 해주셔서 감사드립니다."

그러고 나서 나는 오른손을 화트마의 머리 위에 얹고 말했다.

"주님께서는 이렇게 말씀하십니다. '화트마, 두려워 말아라. 화트마, 내가 너를 구속하였노라. 화트마, 내가 너를 지명하여 불렀노라. 화트마, 너는 내 것이다. 네 죄가 주홍 같을지라도 눈과 같이 희어질 것이요, 진홍같이 붉을지라도 양털같이 되리라. 안심하라, 화트마, 네 죄사함을 받았느니라. 가서 다시는 죄를 범치 말라. 죄를 범하는 자마다 죄의 종이라. 아들이 너를 자유케 하면 네가 참으로 자유하리라.'"[2]

잉그릿이 덧붙였다.

"나는 당신에게 예레미야 3:14 말씀을 주고 싶어요. '화트마, 배역한 자식아 돌아오라 나는 네 남편임이니라.'"

움직이지도 않고 화트마는 계속 눈을 감은 채 앉아 있었다. 그녀의 몸은 약간 떨리고 있었다. 그러더니 조용히 말했다.

"저는 이제 하나님의 장막 안에 있어요, 그렇죠?"

"네, 그것이 당신의 장소예요. 하나님이 당신의 남편이에요."

"오늘 밤 존의 집에 가서 제 물건들을 가져오겠어요."

---

[2] 이사야 43:1, 1:18; 마태복음 9:2; 요한복음 8:11, 34, 36.

"에스더 사모님과 함께 가세요."

"그럴게요. 다음 두어 주일 동안은 다니엘 목사님 댁에 함께 있겠어요. 에스더 사모님이 목사님께서 장소에 대해 말씀하신 것을 이야기해 주었어요. 다니엘 목사님이 제가 있을 곳을 찾도록 애써 주실 거예요."

확성기에서 우리가 탈 비행기에 대한 안내 방송이 나왔다.

"꼭 두 가지만 이야기하겠어요, 화트마. 첫째, 당신은 이제 자유예요. 완전히 자유로운 거예요. 과거는 모두 하나님의 기억에서 사라져 버렸어요. 만일 당신이 이미 용서받은 죄악을 가지고 계속 부담을 느낀다면 당신은 새로운 죄를 범하는 겁니다."

"알겠어요."

"둘째, 하나님의 은혜는 마치 어두운 방을 점점 밝게 하는 빛과 같아요. 그러나 그것은 계속되는 과정이에요. 당신의 삶 가운데에서 오늘 보지 못했던 더 어두운 것들을 다음날 발견하게 되는 것은 당연한 일이에요. 그런 것을 발견한다 해도 의기소침해지거나 절망에 빠져서는 안 돼요. 그것은 단지 당신의 삶이 하나님의 빛 가운데 드러나고 있다는 것을 의미할 뿐이니까요."

"고맙습니다."

다니엘이 우리 쪽으로 달려왔다.

"지금 떠나야 해요. 사람들이 벌써 비행기에 오르고 있어요."

우리는 급히 일어나 다니엘을 따라갔다. 화트마는 내가 여권에

도장을 받는 동안 잉그릿과 함께 서 있었다.

"어때요, 화트마?"

잉그릿이 물었다. 그녀는 잠깐 생각하더니 이렇게 대답했다.

"이상해요. 혼자인데도 외롭지가 않아요."

"바로 그거예요. 나는 혼자 살 수 있는 사람만이 결혼해야 한다고 믿어요. 하나님은 당신이 그것을 스스로 입증하기를 원하시는 거예요."

우리는 미리암이 비행기 표를 검사하고 있는 문으로 달려갔다. 에스더와 다니엘이 손가방을 건네 주었다. 우리는 두 손에 짐을 들었기 때문에, 친구들이 우리를 따뜻하게 포옹해 주었다.

"하나님께서 두 분을 아름답게 사용하셨어요."

다니엘의 말에 나는 이렇게 대답했다.

"우리들도 모르는 사이에 말이에요."

그러고 나서 모리스에게 작별 인사를 하려고 돌아선 순간, 그가 아직 질문할 것이 남아 있다고 한 말이 생각났다.

"당신의 질문은 편지로 써 주세요."

"벌써 그렇게 했어요."

그는 봉투 하나를 내 주머니 속에 집어 넣었다. 우리는 사람들을 뒤에 남겨 두고 문을 나갔다. 미리암만이 비행기까지 함께 갈 수 있었다. 그녀는 평소와 같이 직선적으로 물었다.

"목사님, 제가 디모데에 대한 감정이 결혼할 만큼 깊지 못하기 때문에 걱정된다고 쓴 편지를 기억하세요? 목사님은 보통 여자가 남자보다 그런 것을 더 빨리 느끼기 때문에 제 감정에 귀를 기울여야 한다고 하셨어요. 그럼 일이 잘되어 갈 때에도 역시 여자가 남자보다 먼저 느끼게 되나요?"

"당신은 어떻게 생각해요, 미리암?"

그녀는 즉시 대답하지 않았다. 우리가 비행기 층계를 올라갈 때 그녀가 소리쳤다.

"저는 그렇다고 확신해요!"

나는 다만 승인의 표시로 손을 흔들어 주었다. 우리가 마지막 승객이었다. 스튜어디스는 우리가 안전벨트를 매자 벌써 문을 닫고 있었다. 오래지 않아 비행기는 움직이기 시작했고 활주로로 미끄러져 나갔다. 잉그릿은 내 손 위에 자기 손을 얹었다.

"오늘 아침 일에 대해 미안하고 부끄럽게 생각해요. 때때로 나는 당신과 보조를 맞추지 못한다는 느낌이 들어요."

"그것은 우리를 계속 겸손하게 만드는 좋은 방법이었어요. 나는 하나님께서 우리가 다른 부부들의 문제들을 더 잘 이해하도록 하기 위해 그런 골짜기들을 지나게 하신다고 생각해요."

비행기는 이제 이륙하려고 빠르게 달리고 있었다. 콘크리트 활주로가 사라졌다. 육지가 멀어져 갔다. 비행기는 활짝 열린 창공을 향하고 있었다. 우리는 또다시 장도에 오른 것이다.

"모리스의 편지를 뜯어 보지 그래요?"

"뭐라고 쓰여 있을 것 같아요? 또 하나의 자백?"

"그것은 뭔가 다른 것일 거라는 느낌이 들어요. 당신은 화트마가 공항까지 모리스의 차를 타고 가기로 했을 때 모리스가 얼마나 좋아했는지 못 봤죠?"

"그럼……."

"뜯어 보세요."

나는 그런 생각은 하지도 못했다. 얼른 봉투를 뜯었다.

하나님은 중매자가 되기도 하시나요? 목사님이 다리 위에서 화트마와 이야기하고 있는 동안 제가 자동차 안에서 기도하고 있을 때 한 목소리가 종소리처럼 명확하게 들려왔어요.

"월터와 이야기하고 있는 저 여자가 너의 아내가 되리라."

그것은 터무니없는 말이었습니다. 저는 그녀를 전에 본 적도 없었고, 그녀가 누군지도 전혀 몰랐으며, 그녀가 어떻게 생겼는지도 몰랐습니다. 어둠 속에서 그녀의 모습을 희미하게 볼 수 있을 뿐이었습니다. 이 목소리가 하나님의 목소리일 수도 있을까요? 제발 다음에 머무시는 곳에서 저에게 그렇다 혹은 아니다라는 전보를 보내 주세요.

"과연 여자의 직감이란!"

나는 부러움을 느끼며 아내에게 말했다.

"그건 어렵지 않았어요."

"가엾은 모리스. 그렇게도 처녀와 결혼하기를 원했는데."

잉그릿은 내 말에 반박했다.

"화트마는 처녀예요. 깨끗이 씻겨졌잖아요. 그리스도의 신부로서 말이에요. 티도 없고, 주름 잡힌 것도 없고, 흠도 없어요."

잉그릿의 말이 옳았다. 나는 스튜어디스를 불러 비행사가 아직 관제탑과 무전 연락을 할 수 있는지 물었다. 그리고 그녀에게 미리암의 이름을 알려 주고 나서 이렇게 말했다.

"단 세 마디만 전해 주세요. '모리스에게 그렇다고 전해요.'"

우리는 말없이 함께 앉아 있었다. 이윽고 잉그릿이 머리를 돌려 나를 쳐다보았다. 그리고 미소를 지으며 말했다.

"당신이 내 남편이어서 참 기뻐요."

"나도 그래요."

사명선언문

너희가 흠이 없고 순전하여……세상에서 그들 가운데 빛들로
나타내며 생명의 말씀을 밝혀 _ 빌 2:15-16

1. 생명을 담겠습니다
만드는 책에 주님 주신 생명을 담겠습니다.
그 책으로 복음을 선포하겠습니다.

2. 말씀을 밝히겠습니다
생명의 근본은 말씀입니다.
말씀을 밝혀 성도와 교회의 성장을 돕겠습니다.

3. 빛이 되겠습니다
시대와 영혼의 어두움을 밝혀 주님 앞으로 이끄는
빛이 되는 책을 만들겠습니다.

4. 순전히 행하겠습니다
책을 만들고 전하는 일과 경영하는 일에 부끄러움이 없는
정직함으로 행하겠습니다.

5. 끝까지 전파하겠습니다
모든 사람에게, 땅 끝까지, 주님 오시는 그날까지
복음을 전하는 사명을 다하겠습니다.

서점 안내

광화문점 서울시 종로구 새문안로 69 구세군회관 1층
02)737-2288 / 02)737-4623(F)

강남점 서울시 서초구 신반포로 177 반포쇼핑타운 3동 2층
02)595-1211 / 02)595-3549(F)

구로점 서울시 동작구 시흥대로 602, 3층 302호
02)858-8744 / 02)838-0653(F)

노원점 서울시 노원구 동일로 1366 삼봉빌딩 지하 1층
02)938-7979 / 02)3391-6169(F)

일산점 경기도 고양시 일산서구 중앙로 1391 레이크타운 지하 1층
031)916-8787 / 031)916-8788(F)

의정부점 경기도 의정부시 청사로47번길 12 성산타워 3층
031)845-0600 / 031)852-6930(F)

인터넷서점 www.lifebook.co.kr